कालजयी
सुर

पण्डित
भीमसेन जोशी

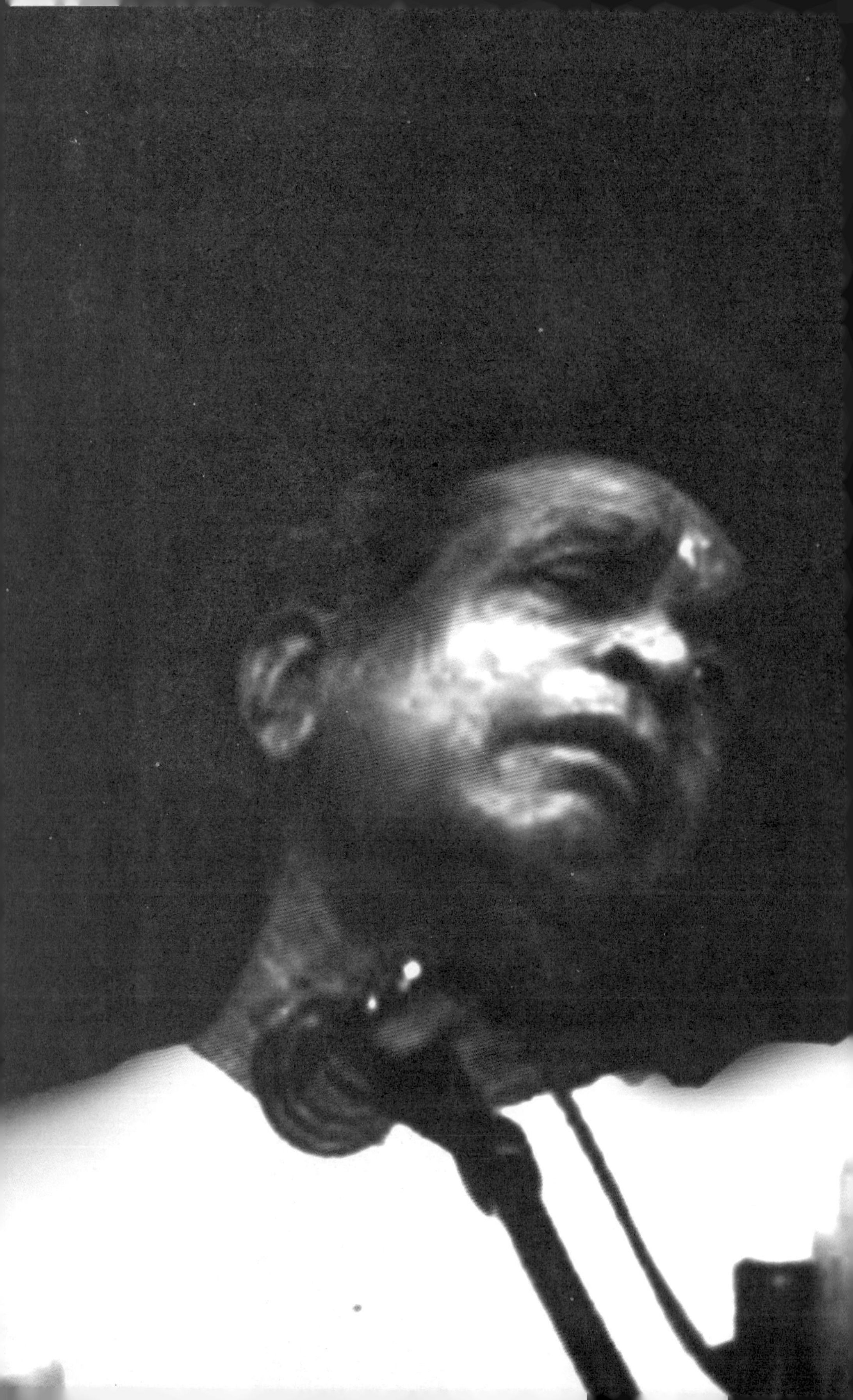

कालजयी सुर
पण्डित भीमसेन जोशी

(गुरु की तलाश में भटकते फ़नकार की क़ामयाबी की कहानी)

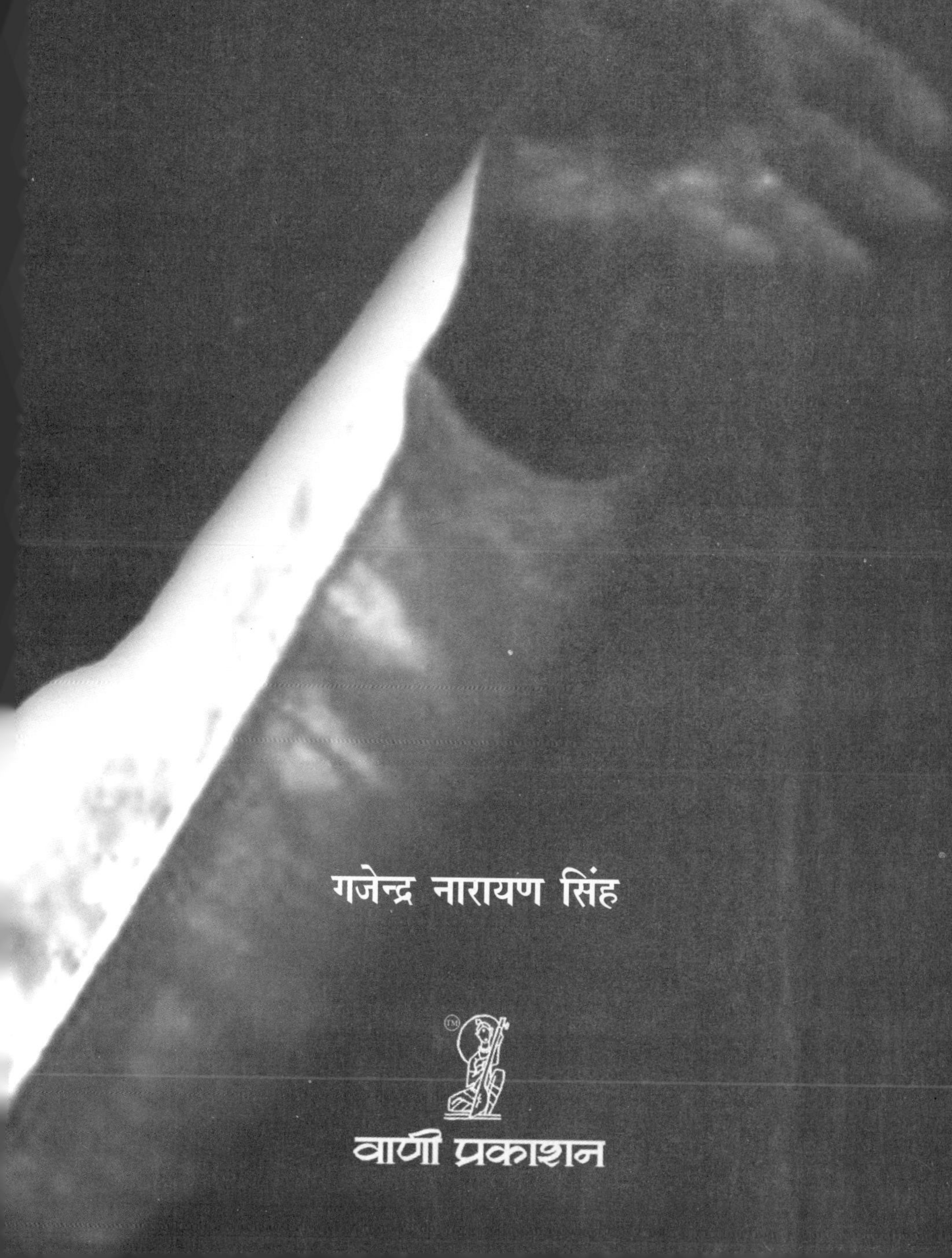

गजेन्द्र नारायण सिंह

वाणी प्रकाशन

वाणी प्रकाशन
4695, 21-ए, दरियागंज, नयी दिल्ली 110 002
शाखा
अशोक राजपथ, पटना 800 004
फ़ोन : +91 11 23273167 फ़ैक्सः +91 11 23275710
www.vaniprakashan.in
vaniprakashan@gmail.com
editorial@vaniprakashan.in
sales@vaniprakashan.in

KALJAYEE SUR : PANDIT BHIMSEN JOSHI
by Gajendra Narayan Singh

ISBN : 978-93-5229-355-1
Memoirs

प्रथम संस्करण
मूल्य : ₹ 395

एस. के. ऑफ़सेट, दिल्ली-110 095 में मुद्रित

वाणी प्रकाशन का लोगो मक़बूल फ़िदा हुसेन की कूची से

पण्डित विनायक बुआ पटवर्धन।
सौजन्य : श्री अविनाश पसरीचा।

'जो भजे हरि को सदा...'
गाते-गाते जिन्होंने परम पद पा लिया।
किराना घराना के ऐसे रत्न गायक
पण्डित भीमसेन जोशी का पुण्य स्मरण
करते हुए उनकी स्मृति में लिखी
प्रस्तुत पुस्तक,
गुरुवर्य 'सङ्गीत चूड़ामणि',
'पद्मभूषण' पण्डित विनायक बुआ पटवर्धन,
(जिन्हें जोशीजी अपना अभिभावक और
पथ प्रदर्शक (mentor) मानते रहे)
को सादर समर्पित।

—गजेन्द्र नारायण सिंह

Preface

Dr. M. Balamuralikrishna

(Awarded Padma Vibhusan)

113, IV Street, R.A. Puram, Chennai 600028.

Ph: 9840119039, 044-24937989.

Pandit Bhimsen Joshi, a non-Pareil in Hindustani Music was a towering personality and we moved with each other as very intimate and affectionate brothers. whenever occasion permitted, we used to listen each other's music with awe and regard. During our meetings, he used to joke that both of us being classical musicians have sung in films, to the wonderment of any cine-buff. He never had any prejudice in his mind with regard to both systems of music. He used to say that whenever he traveled he would listen to my music through CDs or other device. It is very rare among musicians of that stature and this attitude bonded us as brothers-why more than brothers. The great Carnatic music composer, Sri Taygaraja has extolled in one of his Krutis that one who wants to become well-versed in Nadopasana, should sacrifice sleep or other such things, should practice ever, should tune the Tanpura perfectly and above all he should be with pure mind (Suddhamaina Manasuta). Pandit Joshi was a personification of this. He would never leave out of memory nor his music from my ears. "Padmashri" awardee Gajendra Narayan Singh has written this monograph on Pandit Bhimsen Joshi evaluating the contributions of the illustrious exponent of the Kirana gayaki, till this date no such work has been done . I convey my best wishes to Sri Singh for his tiresome work in enriching the field of music by such monumental work.

M. Balamuralikrishna

सराहना

पण्डित भीमसेन जोशी के श्रीमुख से निकले
लेखक के लिए आशीर्वचन के दो शब्द

'गजेन्द्र नारायण बड़ा अच्छा लिखता है—
उसकी लेखनी सटीक एवं दिल को छूने वाली होती है।'

—भीमसेन जोशी

(अपने सुपुत्र श्रीनिवास जोशी द्वारा गजेन्द्र नारायण जी की पुस्तक 'सुरीले लोगों की संगत' पढ़कर सुनाए जाने पर जोशीजी ने ऐसा कहा था।)

सङ्गीत की दुनिया के रमता जोगी 'सङ्गीत कलाविद्' गजेन्द्र नारायण सिंह

सङ्गीत को नर्मदा मान लें तो उसके पार्श्व में बसे दण्डकारण्य में हो रहे वेदों का रचनाकाल है। इस वैदिक परम्परा (जिसमें 'सामवेद' और 'सामगान' की रचनाएँ हुईं) से जुड़े हैं, बिहार की साङ्गीतिक परम्पराओं के संवर्धक सरगमी विभूति गजेन्द्र नारायण सिंह : 'पद्मश्री' अलंकृत। आपके नाम में आने वाले हर शब्द की कसौटी पर आपके व्यक्तित्व का हेमकलश सौ फीसदी खरा उतरता है। आपके इंगितों के निर्देश का पालन विगत् पचास वर्षों से सङ्गीत के आकाश पर चमकने वाले प्रत्येक भारतीय सुर-नक्षत्र ने किया है। कपड़ों को पानी में डाले और उससे निकाले बिना कोई रजक श्रेष्ठ बन जाए, खाद्य सामग्री को हाथ लगाए बिना कोई पाकशास्त्र और व्यंजनकला में निष्णात् और पण्डित कहलाए—ऐसा विरले ही सम्भव होता है। किन्तु गजेन्द्र नारायणजी ने इस दृष्टान्त पर अपना एकछत्र अधिकार और वर्चस्व अब तक बना रखा है कि सुरों को छुए बिना ही वह सुर लगाते हैं और गायन हो या वादन-शास्त्रीय हो या उप-शास्त्रीय या लोक एवं सुगम, उनके स्वानुभूत ज्ञान के करघे पर सारा ताना-बाना सजा होता है और हर बुनकर खुद को उसके करघे पर उतारना चाहता है, क्योंकि वह जानता है कि इस शिल्पी रो मिली सराहना उसे न सिर्फ़ स्थापित बल्कि उस स्थापना को स्थायित्व प्रदान कर दीर्घजीवी कर देगी।

सङ्गीत के सुरीले जगत को आपने केवल अपनी पारखी दृष्टि ही नहीं दी है, अपितु उसे अपनी क़लम पर भी रखा है।

'बिहार की सङ्गीत परम्परा' नाम की आपकी पुस्तक प्रकाशित हो चुकी है और उसका द्वितीय संस्करण दिनांक 23 फरवरी, 2014 को उनके उल्लेखनीय जीवन के पचहत्तरवें वर्ष यानी 'अमृत वर्ष' में तक्षशिला एजुकेशनल सोसाइटी, पटना द्वारा आयोजित 'अमृत महोत्सव' की स्वस्ति मुहूर्त्त में प्रख्यात ख़्याल गायक 'पद्मश्री' पण्डित उल्हास कशालकर के कर कमलों द्वारा लोकार्पित किया जा चुका है। बिहार की सङ्गीत परम्पराओं और सङ्गीतकारों पर एकल सन्दर्भ ग्रन्थ के रूप में इस महत्त्वपूर्ण कृति को अमेरिका के कोलम्बिया युनिवर्सिटी द्वारा

मान्यता प्राप्त हो चुकी है। इसके पूर्व भी सङ्गीत के इतिहास, संस्मरण, समीक्षा तथा विविध पक्षों से आपके स्मरणीय, मानक एवं मूल्यवान लेखन धरोहर का रूप ले चुका है।

आपसे मिलना एक सुखद अनुभव है, आपसे बातें करना सङ्गीत का सुन्दर बोध है और आपसे जुड़ जाना स्वयं को विराट में पाना है। अपनी क़लम के एक और चमत्कार के साथ ज्ञान की गगरी लिए वह पुनः उस ज्ञान-सुधा का पान कराने के लिए उसका मुक्त दान कर रहे हैं—पाठकों से अपेक्षित है कि वे इस दान से अपने कोश को समृद्ध होने का अवसर देंगे।

—नीलम प्रभा

अपनी बात-1

पण्डित भीमसेन जोशी के जीवन पर 1983 ई. में एक पुस्तक आयी थी। यह जीवन वृत्त (autobiography)–जाने-माने सङ्गीत समीक्षक श्री मोहन नाडकर्णी की लेखनी से आया। इस दिशा में छिटपुट और भी प्रयास हुए। पर उल्लेखनीय कुछ भी नहीं। हाँ, पुणें के एक प्रकाशक ने 'ख़्यालिया' नामक उनपर मराठी में एक पुस्तक प्रकाशित की जो काफ़ी अच्छी है। मोहन नाडकर्णी की पुस्तक "Bhimsen Joshi : A Biography" के विषय में स्वयं जोशीजी ने अपनी प्रतिक्रिया व्यक्त करते हुए कहा था, "It is rare that a biography of an artist is published in his life time... every word in the narration of this biography is truthful." एक कलाकार के जीवनकाल में ही उसकी जीवनी प्रकाशित हो जाय, यह उस कलाकार की उत्कृष्टता का परिचायक है।

जहाँ तक मेरी प्रस्तुत पुस्तक 'पण्डित भीमसेन जोशी : व्यक्तित्व एवं कृतित्व-एक मूल्यांकन' का प्रश्न है, तो इस सन्दर्भ में मैं स्पष्ट करना चाहूँगा कि यह भीमसेन जोशी का केवल जीवनवृत्त नहीं है, बल्कि एक अदना-सा प्रयास है जिसमें उनसे मेरे बावन वर्षों के अंतरंग संस्मरणों द्वारा मैंने जोशीजी के साथ बिताए व्यक्तिगत सम्बन्ध की चर्चा करते हुए उनके वैशिष्ट्यपूर्ण विराट साङ्गीतिक व्यक्तित्व का सही दिशा में बगैर कोई लाईलपेट के निरूपण, अनुशीलन, आकलन और मूल्यांकन करने की किंचित चेष्टा की है। अतएव मेरी इस पुस्तक को जीवनी के रूप में न लें तो बेहतर।

हिन्दुस्तानी सङ्गीत की घरानेदार गायकी और उसके पृष्ठपोषक गायकों की मेरे जानते शायद अन्तिम सशक्त कड़ी और व्याख्याता थे, भीमसेन जोशी। घराना घरानेदार गायकी तथा घराना के पूर्व पुरुषों के प्रति जैसा अनुराग और सम्मान का भाव मैंने उनमें देखा वैसा कदाचित् तथाकथित कई समकालीन घरानेदार गायक-गायिकाओं में भी नहीं दिखा। जबकि उनके समकालीन प्रस्तोताओं में किशोरी अमोनकर, लक्ष्मण कृष्णराव पण्डित, नसीर अहमद ख़ाँ (दिवंगत), गुलाम मुस्तफ़ा ख़ाँ, लताफ़त हुसैन ख़ाँ तथा शराफ़त हुसैन ख़ाँ (दोनों दिवंगत) सभी

जाने-माने घरानों के प्रतिनिधि कलाकार हैं। इनमें से जीवित तीन अभी भी गाने-बजाने में सक्रिय हैं। लेकिन इन सबों में उम्र तजुर्बा और उपलब्धियों के लिहाज़ से भीमसेन बड़े थे। दूसरे, तालीम से लेकर अपने को शीर्ष घरानेदार ख़्यालियों में प्रतिष्ठित करने के दौरान उनका जीवन जिस तरह से कठिन संघर्ष और चुनौतियों भरा रहा, वह अपने में ऐसी विराट उपलब्धि है जो इन सबों से उन्हें अलग-थलग करती है और उल्लेखनीय बनाती है।

उनका जो सबसे महत्त्वपूर्ण उल्लेखनीय अवदान रहा उसे रेखांकित करते हुए मोहन नाडकर्णी ने लिखा है कि, '...painstaking work to create a popular, classical style', but in my opinion Nadkarni's assessment is rather incomplete. It should have been written as such, 'he did so without taking any liberty to denigrate the classical and traditional gharanedar values and fervour of raga sangeet'. Only then the relevancy of Nadkarni's assessment that Bhimsen created a popular classical style could have been justified. It is this unique contribution which makes Joshi greatest amongst the existing contemporary stalwarts of kheyal singing.

समकालीन ख़्यालियों में मेरा जोशीजी को श्रेष्ठ मानने के पीछे एक ज़बर्दस्त कारण यह भी है कि किशोरी अमोनकर, एल.के. पण्डित, नसीर अहमद ख़ाँ, गुलाम मुस्तफ़ा ख़ाँ, लताफ़त हुसैन ख़ाँ और शराफ़त हुसैन ख़ाँ की तरह पीढ़ियों से गाने-बजाने वाले पेशेवर खानदान से वह नहीं आते थे और न पारिवारिक स्तर पर उन्हें सङ्गीत का माकूल माहौल तथा उपयुक्त पृष्ठभूमि ही नसीब हुई थी। जो कुछ भी उनकी महती उपलब्धि थी उसका अर्जन गुणियों की अनुकम्पा से उन्होंने शत-प्रतिशत अपने बूते पर किया था। इसलिए मेरी समझ से अपने इन समकालीन सङ्गीतकारों से उनका क़द बड़ा था। अपनी इस मान्यता के पीछे न तो मेरा किसी तरह का आग्रह और न किशोरी बहना, भाई एल.के. पण्डित, नसीर अहमद ख़ाँ, गुलाम मुस्तफ़ा भाई और लताफ़त एवं शराफ़त भाई को कमतर आँकने की ज़बरन कोशिश ही है। ये सभी हिन्दुस्तानी सङ्गीत के चोटी के कलाकार हैं। इन सभी से मेरा सम्बन्ध मधुर रहा है।

किशोरी अमोनकर, लक्ष्मण कृष्णराव पण्डित, नसीर अहमद ख़ाँ (अब नहीं रहे) गुलाम मुस्तफ़ा ख़ाँ, लताफ़त हुसैन ख़ाँ और शराफ़त हुसैन ख़ाँ (दोनों दिवंगत) बेशक ख़्याल के उत्कृष्ट प्रस्तोता हैं और थे, पर कलाकार जब इन्सान है तो जहाँ तक इन्सानियत की बात है, अपने दीर्घ सम्बन्ध के आधार पर बेहिचक कहना चाहूँगा कि (नसीर अहमद ख़ाँ को छोड़कर) भीमसेन जोशी का न केवल एक उम्दा ख़्यालिया अपितु एक नेक इन्सान के रूप में भी इन सबों

से पलड़ा भारी था।

जोशीजी के विषय में 20वीं-21वीं सदी के दो मूर्धन्य सङ्गीतकारों का कथन उल्लेखनीय है जिससे पता चलता है कि वह किस कोटि के गायक थे। विश्वविख्यात सितारवादक पण्डित रविशंकर कहते हैं, 'He was the last of my contemporaries who left me behind. He was the most popular and beloved vocalist and admired by all classical music lovers.' (जोशीजी के निधन के समय पण्डित रविशंकर जीवित थे)।

और छोटी उम्र के महान तबलानवाज़ उस्ताद ज़ाकिर हुसैन ख़ाँ का यह उद्गार जोशीजी की ऊँचाई की तस्वीर पेश करता है कि, 'जिस तरह से पाँच सौ वर्षों के बाद भी मियाँ तानसेन याद किये जाते हैं, उसी तरह पाँच सौ साल बाद भीमसेन जी भी याद किये जाते रहेंगे।'

हिन्दुस्तानी सङ्गीत की इन दो महती हस्तियों ने भीमसेन जोशी के विराट साङ्गीतिक व्यक्तित्व का अत्यन्त ही सटीक और मार्मिक मूल्यांकन किया है।

सङ्गीतकार, आमतौर से ऐसा समझा जाता है कि जन्मजात उदार एवं सभी प्रकार की संकीर्णताओं से मुक्त होता है, इसे भीमसेन जोशी ने भलीभाँति महसूसा था। 'अज़ान' की धुन में सङ्गीत के लोकोत्तर सौन्दर्य की पहचान करने वाले जोशी की साधना इसका ज्वलन्त प्रमाण है।

राजीव गाँधी (पूर्व प्रधानमन्त्री) इस लोकप्रिय गायक के फैन थे। जब वह प्रधानमन्त्री बने तो एकबार जोशीजी को पत्र लिखकर आग्रह किया कि, 'वह कृपा करके राज्यसभा की सदस्यता स्वीकार कर लें।' किन्तु आपादमस्तक सङ्गीत में रमे और डूबे, पूर्णतया समर्पित उस अतुलनीय सङ्गीतकार ने विनम्रतापूर्वक प्रधानमन्त्री के सविनय आग्रह को टालते हुए कहा, 'मेरे लिए तो मेरे दो तानपूरे ही राज्यसभा और लोकसभा हैं, लिहाज़ा मुझे माफ़ करेंगे।'

जब भीमसेन जोशी को भारत सरकार ने राष्ट्र के सर्वोच्च नागरिक सम्मान 'भारत रत्न' से नवाज़ा तो प्रसिद्ध सङ्गीत प्रेमी वैज्ञानिक डॉ॰ रघुनाथ माशेलकर पण्डित जोशी का अभिनन्दन करने के लिए लक्ष्मीपार्क, पुणें स्थित उनके बंगले 'कलाश्री' पहुँचे और भेंट स्वरूप मराठी मासिक 'जड़ण-धड़ण' की प्रति उन्हें दी जिसमें उनका गुणानुवाद किया गया था। डॉ॰ माशेलकर ने झुक कर उनका अभिवादन किया तो जोशीजी ने विनम्रभाव से कहा, 'बहुत दिनों पर मित्र से मुलाकात हुई—सही मायने में 'भारत रत्न' तो आप हैं।' दरअसल, भीमसेन जोशी इन सब चीज़ों से परे और निर्लिप्त थे—सङ्गीत ही उनका सर्वस्व था—सङ्गीत में मुक़ाम हासिल करने को ही वह सबसे बड़ा पारितोषिक और सम्मान मानते थे। उनकी महानता इसी निस्संगता और निर्लोभीपन में निहित थी। उनके जीवन का

एकमात्र लक्ष्य सङ्गीत-साधना की अनन्त यात्रा पर अविराम चलते रहना था। तेरहवीं सदी ईस्वी के सूफ़ी चिन्तक, कवि, शायर और फ़नकार हज़रत अमीर ख़ुसरो ने कहा था कि, 'बहुत कठिन है, डगर पनघट की' जिसे भीमसेन की सङ्गीत-साधना की अनन्त अविरल यात्रा अक्षरशः चरितार्थ करती थी—फ़र्क केवल इतना था कि ख़ुसरो की इस उक्ति को भीमसेन ने यह कहकर सरल-सहज बना दिया कि, 'सङ्गीत-साधना की यात्रा कठिन कहाँ है—इसमें कष्ट कैसा क्योंकि इस 'डगर' पे काँटे नहीं सुर रूपी 'नूर' यानी 'परमानन्द' की गुलाबी पंखुरियाँ बिछी होती हैं।' सङ्गीतजीवी होने के कारण भीमसेन की इस सोच और समझ पर मैं बलिहारी जाऊँ।

ग़ैर-पेशेवर फ़नकारों की पृष्ठभूमि की शख़्सीयत भीमसेन जोशी ने जो कुछ हासिल किया और जैसा उत्कृष्ट सङ्गीत को उनका अवदान है कि वैसा 20वीं सदी के सङ्गीत के इतिहास में ढूँढ़ने पर शायद एकाध मिल जाए तो ग़नीमत है। एक उच्च कोटि के घरानेदार सङ्गीतकार की खूबियों को जोशीजी ने अपने सङ्गीतकार में जिस तरह से जीया और उजागर किया वह उन तमाम मान्यताओं को झुठलाता है कि सामान्य मध्यवर्गीय परिवार का व्यक्ति चोटी का घरानेदार गायक नहीं बन सकता। ऐसा प्रतीत होता है कि न जाने कितनी पीढ़ियों की घरानेदारी की खूबियाँ उनके साङ्गीतिक व्यक्तित्व में समाहित होकर मुखर हो गयी हो। इसे भी दुर्लभ संयोग ही कहा जायगा।

वर्तमान में घराना, घरानेदारी और परम्परा को लेकर अक़्सर अनर्गल और भ्रान्तिमूलक प्रलाप किया जाना एक फैशन (Fashion) सा बन गया है—यहाँ तक कि सदियों से प्रचलित मान्यताओं को बाज़ारवाद की गिरफ़्त में आज के बड़े गायक-वादक तक झुठलाने की भरसक कोशिश करते रहते हैं। पर भीमसेन जोशी ने घराना और परम्परा के आदर्शों को जिस तरह से अपने साङ्गीतिक व्यक्तित्व द्वारा चरितार्थ किया उससे हमारे भ्रम की धुन्ध छँटी और शंका का निवारण हुआ है। घराना और परम्परा के बगैर शास्त्रीय यानी राग सङ्गीत, रागदारी और गायकी या बाज की परिकल्पना ही नहीं की जा सकती—इनका चोली-दामन का रिश्ता है जिसे जोशीजी बख़ूबी समझते थे और इसे उन्होंने अपनी प्रस्तुतियों से साबित भी किया। इन्सान यदि कृतसंकल्प और प्रतिबद्ध हो जाए, साथ ही उसमें परले दर्ज़े का जुनून हो तो क्या कुछ नहीं कर सकता—कुछ पाने के लिए बहुत कुछ खोना पड़ता है—इसकी जीती-जागती मिसाल थे, भीमसेन जोशी। इसलिए, वह श्रेष्ठ, निराले और वंदनीय हैं—अनुकरणीय तो हैं ही।

अपने छिहत्तर वर्षीय जीवनकाल में पचास वर्षों से भी अधिक का बहुमूल्य समय मैंने सङ्गीतकारों के साहचर्य और सङ्गीत की दुनिया की छोटी-बड़ी लगभग

सभी हस्तियों की नब्ज़ टटोलने में व्यतीत किया—गुरु कृपा से चार पीढ़ियों (अपने समकालीन से दो पीढ़ियाँ ऊपर की और अपने से एक पीढ़ी नीचे) के सङ्गीतकारों की सोहबत इस नाचीज़ को मयस्सर हुई। इसलिए सङ्गीतकारों की सोहबत-साहचर्य से प्राप्त सङ्गीत की जानकारी का जख़ीरा मेरे ज़ेहन में संचित है। इस लम्बी समयावधि में मैंने गम्भीरता से महसूसा कि भीमसेन जोशी के असाधारण साङ्गीतिक व्यक्तित्व और कृतित्व का तटस्थ होकर किसी सङ्गीत समीक्षक या सङ्गीतकलाविद् द्वारा निरपेक्ष भाव और सम्यक रूप से सही-सही वास्तविक आकलन और मूल्यांकन करने की ईमानदार कोशिश नहीं की गयी। हिन्दी में ऐसे क़द्दावर गायक पर एक भी पुस्तक का नहीं होना दुर्भाग्यपूर्ण ही कहा जायगा।

I do not boast, but it is my humble submission that in this short narration I have rightly utmost tried to assess the gigantic personality of Bhimsen Joshi, a master musician of Kirana Gharana, both as an individual and as an artist without any bias and prejudices.

I am confident that the music knowing and loving persons as well, will appreciate my observations and evaluation or rather critical analysis of a great music titan of this era (20th-21st centureis). No doubt he was an epoach making artist, one of the best and perhaps the last among the galaxy of all time greats of musical arena who has left a bold imprint of an ideal life style and had massive repertoire of the art of Hindustani Music in him.

अन्त में यह कहना भी ग़ैरमुनासिब नहीं होगा कि भीमसेन जोशी को मैंने कभी भी किसी की नुक़्ताचीं करते न तो देखा न सुना, जबकि कलाकारों में एक-दूसरे पर छींटाकशी करने की दुष्प्रवृत्ति आमतौर से देखी जाती है। यहाँ तक कि कलाजीवी अपने घराने के बुजुर्गों पर भी कीचड़ उछालने से बाज नहीं आते। मैंने पुरानी पीढ़ी के भी चन्द गवैये-बजवैये को परनिन्दा करते देखा-सुना। जबकि पुरानी पीढ़ी के अधिकांश बुजुर्गों को यह कहते सुना कि, 'पहले नेकदिल इन्सान बनो तब कहीं उम्दा फ़नकार बन पाओगे।' आखिर गाना-बजाना भी तो आन्तरिक भावनाओं, मनःस्थिति और सोच की अभिव्यक्ति ही है। कलाकार उसे अपनी कलाकारिता द्वारा व्यक्त करता है—भीमसेन इसकी उत्कृष्ट मिसाल थे। तभी तो मरहूम उस्ताद अल्ताफ़ हुसैन ख़ाँ खुर्जावाले कहा करते थे कि, 'मियाँ, भीतर अगरचे ज़हर भरा रहेगा तो तुम्हारी पेशकशों से उसकी बू तो आयगी ही।' सङ्गीत दैवी विद्या और कला है। इसलिए कलाकर्मी को अपने भीतर के

देवत्व को जगाए रखना पड़ता है। तभी उसके गाने-बजाने से रूहानी खुशबू निकल कर फ़िजा को लबरेज़ कर सकती है।

सङ्गीत की दुनिया के पुराने पेशेवर गायक-वादकों को मैंने देखा कि अपनी कला को भौतिक प्रसाधनों की उपलब्धि से ऊपर रखा—पैसे के खातिर उन्होंने अपनी कला से समझौता किसी भी क़ीमत पर नहीं किया। क्योंकि पाक इल्म मौसीकी को वे अपनी बेशक़ीमती पूँजी मानते थे। भीमसेन भी उनमें से एक थे।

भीमसेन जी में विनयशीलता कूट-कूट कर भरी थी। इतना ही नहीं, बुजुर्गों की क़द्र करना उन्हें बखूबी आता था। भ्रमर और मधुमक्खी की तरह मधुकरी वृत्ति वाले भीमसेन सङ्गीत जगत के एक ऐसे ज्योतिपुंज थे जिसकी दिव्याभा हिन्दुस्तानी सङ्गीत की भावी पीढ़ियों को आलोकित करती रहेगी। शायद यही वज़ह है कि उनमें शराबखोरी की बुरी लत होने के बावजूद मेरे गुरुवर्य विनायक बुआ पटवर्धन उन्हें दिलोजान से चाहते और प्यार करते थे। अपने समय के सङ्गीतज्ञों में भीमसेन अजातशत्रु थे।

हीराबाई बड़ोदेकर, गंगूबाई हंगल, एम.एस. सुब्बुलक्ष्मी, बिसमिल्लाह ख़ाँ, कृष्णराव शंकर पण्डित, रामचतुर मल्लिक, अमीर ख़ाँ, अली अक़बर ख़ाँ, रविशंकर, विलायत ख़ाँ, एम. बालमुरली कृष्ण, जसराज, नसीर अहमद ख़ाँ, अमज़द अली ख़ाँ, किशन महाराज, क़रामतुल्ला ख़ाँ, ज़ाकिर हुसैन, सुल्तान ख़ाँ प्रभृति चोटी के सङ्गीतकार भीमसेन जोशी की क़द्र ही नहीं करते अपितु उनकी उत्कृष्ट कला के भी क़ायल थे और हैं।

E.M. Foster, an English novelist who wrote 'A Passage To India', writes, 'music was of two kinds one that reminded him something and the other music itself, Bhimsen joshi symbolises the latter one-i.e. he was music itself, in this sense.

मौसीक़ी पाक इल्म-ओ-फ़न है जो इन्सान को रूहानी ग़िज़ा और सुकून देती है, इतना ही नहीं सङ्गीत इन्सान को संस्कारित करके उदात्त बनाता है। इस बात के जीवन्त प्रतीक थे, भीमसेन जोशी जो रूहानियत से लबरेज़ अपनी पेशकशों से हमें 'परमानन्द' का बोध कराते थे। उनकी प्रस्तुतियों में भक्ति, उत्सर्ग और समर्पण की त्रिवेणी बहा करती थी जिसे देख-सुन-महसूस कर श्रोताओं को नैसर्गिक सुख मिलता था—परमानन्द की अनुभूति होती थी।

जोशीजी के ज्येष्ठ पुत्र जयन्त जोशी का मैं साधुवाद करता हूँ कि पुस्तक में प्रकाशनार्थ उन्होंने अपने पिताश्री की कतिपय महत्त्वपूर्ण तस्वीरें मुझे उपलब्ध करायीं। वह एक चित्रकार हैं—एक कलाकार में जैसी सहृदयता होनी चाहिए

वह मैंने उनमें पायी। मुझे पूरा विश्वास है कि अपने स्वनामधन्य पिता की बहुमूल्य विरासत को वह सँभाल-सँजो कर रखेंगे ताकि आने वाली पीढ़ियाँ उससे लाभान्वित हो सकेंगी।

बिटिया अन्विता भारती को शुभकामनाएँ और आशीर्वाद देता हूँ कि उसके सत्प्रयास से इस पुस्तक के लिए कुछेक महत्त्वपूर्ण फोटोग्राफ्स प्राप्त हो पाये। खासकर विनायक बुआ पटवर्धन को 'सवाई गन्धर्व सङ्गीत महोत्सव' के मंच पर 'किराना घराने की कोयलिया' वरिष्ठ प्रतिनिधि गायिका विदुषी हीराबाई बेड़ोदेकर द्वारा सम्मानित किये जाने वाले चित्र से पुस्तक की श्रीवृद्धि में इज़ाफ़ा हुआ है। यह चित्र इसलिए भी खास और महत्त्व का है कि बुआ साहब को जोशीजी आजन्म अपना 'पथ प्रदर्शक' (mentor) मानते रहे।

पुणें की बहना डॉ॰ सुलभा श्रीखण्डे के सौजन्य से भी कतिपय चित्र प्राप्त हुए जिसके लिए उनके प्रति आभार व्यक्त करता हूँ।

मेरी मनुहार स्वीकार कर्नाटक सङ्गीत के ख्यातनाम गायक विद्वान डॉ. एम.बालमुरली कृष्ण, 'पद्मविभूषण' अलंकृत ने अत्यन्त ही भावभीने शब्दों में 'Preface' (प्रस्तावना) के दो शब्द लिखकर जैसा सौजन्य प्रदर्शित किया है उससे पुस्तक की गरिमा, महत्त्व और शोभा में बेशक अभिवृद्धि हुई है। इतना ही नहीं, जोशीजी के साथ गायी युगलबन्दी के दो यादगार फोटोग्राफ्स भी प्रकाशनार्थ भेजे हैं। इस सहयोग, सौजन्य और भावस्निग्ध आत्मीयता के लिए बालमुरली कृष्ण ने मुझ नाचीज़ को अपना मुरीद और चिरऋणी बना लिया।

कर्नाटक सङ्गीत के इस अनुपमेय गायक का विशेष आभारी इसलिए भी हूँ कि भीमसेन जी के प्रति उनके व्यक्त किये गये उद्‌गार में आनन्द का वही रस है जो जोशीजी के साथ गायी उनकी युगलबदियों में मिलता था। दोनों ही गायक उत्तर-दक्षिण इस उपमहाद्वीप के बीच 'सेतुबन्ध' का कार्य करते रहे। इस तरह राष्ट्र की भावात्मक एकता एवं अखण्डता का वे डोर बने रहे—अनेकता में एकत—विविधता में समता का बोध कराने वाले दोनों संस्कृतिवाहकों का इसे विरल संयोग ही कहा जायेगा। दोनों की युगलबन्दियों की ध्वनिमुद्रिकाएँ हमारी अमूल्य धरोहर हैं। युगलबन्दी गायन का जैसा मानक और उच्च स्तर दोनों गायकों ने स्थापित किया वह न केवल श्लाघनीय अपितु अनुकरणीय भी है।

मुझे विश्वास है, सङ्गीत के सुधी श्रोता, पाठक, शोधार्थी एवं विद्वत् रसिक जन मेरे इस महत्तम लघु प्रयास को सराहेंगे और इसका सहर्ष स्वागत करेंगे जैसा कि मेरी पूर्व प्रकाशित रचनाओं का वे करते रहे।

साथ ही, इस पुस्तक के प्रकाशक भाई अरुण माहेश्वरी, वाणी प्रकाशन के प्रति हार्दिक आभार व्यक्त करता हूँ कि उनके सहयोग, सौजन्य और तत्परता

के बिना पुस्तक की ऐसी नयनाभिराम आवरण सज्जा, गेटअप तथा कलात्मकता से परिपूर्ण छपाई मेरे लिए नामुमकिन थी। ऐसे सङ्गीत-साहित्यानुरागी प्रकाशक को शुभकामनाओं और आशीर्वाद के दो शब्द के सिवा मैं दे ही क्या सकता हूँ। आने वाले दिनों में भी इनसे ऐसे ही सहयोग की अपेक्षा रखता हूँ।

‘आभोगी’
11/बी श्रीकृष्णपुरी
पटना-800001

–गजेन्द्र नारायण सिंह
वसन्त पंचमी
2015

अपनी बात-2

सर्वकालिक, सर्वयुगीन और सर्वदेशीय जितने भी सङ्गीतज्ञ हुए हैं, उनके सङ्गीत का प्रभाव चिरस्थायी होता है—पीढ़ियों तक लोगों के कानों में गूँजता और रस घोलता तथा ज़ेहन में बसा रहता है। अगरचे ऐसा नहीं होता तो मियाँ तानसेन, त्यागराज और विथोवेन की चर्चा आज तलक नहीं होती। ऐसी अमिट छाप छोड़ने वाली कालजयी साङ्गीतिक प्रस्तुतियों के धनी प्रस्तोता हर ज़माने में होते आये हैं जो मौसीक़ी की तवारीख़ रच गये।

हमारे समय के ऐसे ख़्यालियों में 'भारतरत्न' पण्डित भीमसेन जोशी थे जिनके 'स्वर' जैसा कि तबलानवाज़ उस्ताद ज़ाकिर हुसैन ख़ाँ ने कहा कि, 'आने वाले पाँच सौ वर्षों के बाद भी फ़िज़ा में गूँजते रहेंगे।' सन् 40 के दशक से जोशीजी के साङ्गीतिक जीवन की शुरुआत हुई। हालाँकि उनका जन्म 1922 ई. में हुआ।

भीमसेन जोशी को घरानेदार कह लीजिए, परम्परावादी कह लीजिए (जो कि वह थे), किन्तु इससे विलग उनके सङ्गीतकार का एक और वैशिष्ट्यपूर्ण बहुआयामी व्यक्तित्व था जो विलक्षण था—और वह था, सृजनशील रचनात्मक ऊर्जा से ओतप्रोत उनका अभूतपूर्व चिरस्मरणीय सङ्गीतकार जिसमें घराना-परम्परा और सृजनशीलता का अत्यन्त ही सूक्ष्म समन्वय हुआ था, जो उनके व्यक्तित्व की विराटता को रेखांकित करता था।

यद्यपि उन्होंने कोई नूतन राग और बन्दिश नहीं रची तथापि अपनी ख़्याल प्रस्तुतियों में स्वरों, अलंकारों, मुहावरों और तानों को बरतने-लगाने में जिस सूक्ष्मदर्शिता कलात्मक कल्पना तथा सूझबूझ का परिचय वह देते थे वह किसी नये सृजन का बोध कराने से कम नहीं था। यही वज़ह है कि एक गायक के रूप में वह अपने को कुशल द्रष्टा और स्रष्टा साबित करते थे।

कुछ लोग कह सकते हैं कि राग 'कलाश्री' उनकी ईज़ाद थी, पर यह ईज़ाद सायास नहीं अनायास हो गयी थी। क्योंकि नये राग बनाने में उनकी रुझान नहीं रही। और सबसे उल्लेखनीय बात है कि उन्होंने इस 'कलाश्री' राग को शायद ही कभी किसी जलसे में पेश किया—अलबत्ता रिकार्ड ज़रूर भरवाया। उनकी

रुचि स्थापित मानक रागों में ही रही जिसे जब भी वह पेश करते तो उसमें नयेपन का अहसास सहज ही होता था। एक माहौल की सृष्टि करते थे, वह।

उनके गायक का समन्वयवादी व्यक्तित्व ऐसा था कि आमफ़हम से लेकर गुणज्ञ, पारखी, बहुश्रुत, कट्टर विशुद्धतावादी (Puritan), शास्त्रकार तथा शुष्क समीक्षक यानी सभी वर्ग के श्रोताओं को रिझाता-आकर्षित करता था। इतना ही नहीं, मीनमेख करने वाले दक़्यानूस सङ्गीतकारों तक को भी लुभाता था।

पेशेवर सङ्गीतकार एक-दूसरे की टीका-टिप्पणी करने से बाज नहीं आते, लेकिन भीमसेन जोशी ऐसे गायक थे जिनके विषय में प्रस्तुत प्रसङ्ग उल्लेखनीय है :

एकबार दिल्ली घराने के मशहूर ख़्यालिया उस्ताद नसीर अहमद ख़ाँ के साथ मैं अपने कुछेक मित्रों को लेकर गप्पें लड़ा रहा था। बातचीत के दौरान मित्रों में से एक (मुरारी प्रसाद) ने ख़ाँ साहब की ख़ैरख़्वाही में जोशीजी के विषय में कुछ आपत्तिजनक बातें कह दीं। नसीर अहमद ख़ाँ को उनका अवांछित अनर्गल अच्छा नहीं लगा। उन्होंने मेरे उक्त मित्र को समझाते हुए कहा, 'मुरारी भाई, भीमसेन जोशी एक आला दर्ज़े के गवैया हैं—उनका बड़ा नाम है—उनके चाहकों की अच्छी-खासी तादाद है—कोई यूँ ही ख्यातिनाम नहीं हो जाता—बगैर सोचे-समझे इतने बड़े नामज़द कलाकार के बारे में इस तरह जो-सो नहीं बोलना चाहिए।' ऐसे थे, पण्डित भीमसेन जोशी जिनकी क़द्र दूसरे घराने के गायक भी तहेदिल से करते थे।

हर इन्सान की पसन्दगी-नापसन्दगी होती है, पर इसके मायने यह नहीं होता कि जिसे आप पसन्द नहीं करते वह बुरा है। हिन्दुस्तानी सङ्गीत की बगिया के हर गायक-वादक अलग-अलग क़िस्म के फूल की तरह हैं—हर का रूप-रंग-गन्ध-स्वाद अलहदा है—ज़रूरी नहीं कि आपको चम्पा अच्छा लगता है तो जूही या चमेली घटिया है। गाने-बजाने का इल्म-ओ-हुनर बहुत ही बारीक है—इस इल्मोहुनर को पेश करने वाले जुदा-जुदा फ़नकार हुए जिन्होंने अपनी क़ाबिलीयत से उन बारीकियों को अपनी पेशकशों में अंजाम दिया।

भीमसेन जोशी के चाहकों में उनके समकालीन गायक-वादकों की एक लम्बी फ़ेहरिस्त है—मेरे गुरुवर्य विनायक बुआ पटवर्धन से लेकर अनेक गाने-बजाने वाले हुए और हैं जिनमें उल्लेखनीय हैं, नारायण राव व्यास, हीराबाई बड़ोदेकर, गंगूबाई हंगल, बासवराज राजगुरु, केसर बाई केरकर, कृष्ण राव शंकर पण्डित, हाफ़िज़ अली ख़ाँ, बिसमिल्लाह ख़ाँ, मल्लिकार्जुन मंसूर, रामचतुर मल्लिक, एम. एस. सुब्बुलक्ष्मी, बेगम अख़्तर, लता मंगेशकर, विष्णु गोविन्द जोग, गिरिजा देवी, एम. बालमुरली कृष्ण, फ़हीमुद्दीन डागर, ज़िया फ़रीदुद्दीन डागर, जसराज, कुमार गन्धर्व, मन्ना डे, शकूर ख़ाँ, अली अक़बर ख़ाँ, रविशंकर, विलायत ख़ाँ,

अमीर ख़ाँ, किशोरी अमोनकर, एल.के. पण्डित, ज़ाकिर हुसैन, गुलाम मुस्तफ़ा ख़ाँ, नसीर अहमद ख़ाँ, गोपाल मिश्र, सुल्तान ख़ाँ, किशन महाराज, क़रामतुल्ला ख़ाँ, गोदई महाराज और ऐसे न जाने और कितने हिन्दुस्तानी सङ्गीत के दिग्गज।

He was a musical icon and his pursuit of passion and excellence was such that made him an evergreen veteran musician emerged in our contemporary time. That is why the stalwarts of Hinustani and Karnatak music as well loved and admired his virtuosity.

इतनी बड़ी तादाद में दोनों सङ्गीत पद्धतियों के चोटी के कलाकार उनके क़ायल रहे, और हैं। इससे बढ़कर उस साङ्गीतिक व्यक्तिव की महानता का परिचायक और क्या हो सकता है; विचारणीय है।

मैं व्यक्त कर चुका हूँ कि बावन लम्बे वर्षों यानी आधी सदी से भी अधिक का जोशीजी के साथ मेरा साहचर्य रहा। मैं नहीं समझता कि इतना दीर्घकालिक अंतरंग सम्बन्ध किसी अन्य व्यक्ति का उनसे रहा होगा। और यदि होगा भी तो जैसा श्रम साध्य प्रयास इस नाचीज़ सङ्गीत सेवी ने इस पुस्तक को लिख कर किया है वैसा अब तक किसी ने शायद न तो सोचा और न करने के लिए ज़हमतें उठाईं। यह गर्वोक्ति नहीं हक़ीक़त है।

मेरे जानते यह पहला सार्थक और गम्भीर प्रयास है जबकि इस नज़रिए से भीमसेन जोशी का मूल्यांकन किया गया है। सार्थक और सही मूल्यांकन वही कर सकता है जिसने हिन्दुस्तानी सङ्गीत के उस महानतम किरदार को अत्यन्त निकट से देखने-जानने-समझने और परखने की ईमानदार कोशिश की।

इतना ही नहीं, किसी गायक के व्यक्तित्व का सर्वाङ्गीन विवेचन वही कर सकता है जिसने खुद सङ्गीत रीखा और उसके मर्म एवं रहस्यों को जानने की गम्भीर अनवरत चेष्टा करता रहा—स्वर-लय-ताल-छन्द-राग-बन्दिश और घरानेदार गायकी के विविध आयामों-पहलुओं को, उसकी सूक्ष्म से सूक्ष्मतम बारीकियों को आत्मसात करने के लिए देश के विभिन्न घरानेदार बुजुर्गों की ख़िदमत की—उनके चरणों की धूल का टीका चन्दन समझ कर अपने ललाट पर लगाया—लहरी मिज़ाज उस्तादों की ज़्यादतियों- गालियों-अपशब्दों को 'प्रसाद' मानकर ग्रहण किया और अपने जीवन के पचास वर्षों से भी अधिक का बेशक़ीमती वक़्त उनकी तीमारदारी में लगा दिया। इतना ही नहीं कलावंत तायफ़ों की सोहबत से मौसीक़ी की नज़ाकत-नफ़ासत-शराफ़त-लताफ़त को ही नहीं समझा अपितु तहज़ीब और शाइस्तगी भी सीखी।

किसी ने मुझसे पूछा कि, आप कोठे पर जाते थे क्या? उसकी बुद्धि और

समझ पर मुझे तरस आती है। कोठे पर जाना और कोठेवाली कलावंत तवायफ़ों की सोहबत में रहना, अलग-अलग मुद्दे हैं। उन बाइयों से जो चीज़ें मुझे हासिल हुईं, उसके लिए कोठे पर जाने की आवश्यकता नहीं थी। और अहम बात यह है कि अट्ठारह वर्षों तक ख्यातिलब्ध गायक पण्डित विनायक बुआ पटवर्धन से सीना-ब-सीना तालीम हासिल करने के बावजूद अपने को पेशेवर गायक के रूप में स्थापित करने की चेष्टा नहीं की, क्योंकि मेरा मानना है कि सङ्गीत दैवी विद्या और कला होने के कारण पेशा और तिज़ारत की वस्तु नहीं हो सकती। इस तरह व्यावसायिकता से अपने को अछूता रखकर एक सक्रिय संरक्षक-संवर्धक के रूप में संलग्न रहा, एक समर्पित मिशनरी की तरह।

किराना घराना के रत्न गायक भीमसेन जोशी के अपार और असीम स्नेह का भागीदार बन कर उनके व्यक्तित्व और कृतित्व का साङ्गोपाङ्ग, नी-क्षीर विवेचन-विश्लेषण करने में कहाँ तक क़ामयाब हो पाया इसका निर्णय तो सङ्गीत रसिक भावक और सुधी पाठक ही कर सकते हैं। पर मुझे यक़ीन है कि गुणी एवं विद्वत्जन इस कृति का दिल खोलकर स्वागत करेंगे। अगरचे इसमें कहीं कोई खटकने वाली खामी नज़र आवे तो मानव सुलभ दोष समझकर उसे नज़रअन्दाज़ कर देंगे, ऐसा मुझ अकिंचन का विनम्र आग्रह है।

कहने की आवश्यकता नहीं कि पण्डित भीमसेन जोशी जी के प्रति मेरी अगाध श्रद्धा से भरपूर संस्मरणात्मक यह पुस्तक केन्द्रीय सङ्गीत नाटक अकादमी, नयी दिल्ली की उपाध्यक्ष श्रीमती शांता सर्वजीत सिंह ने देखी-पढ़ी और मुझसे यह कहते हुए अकादमी द्वारा प्रकाशित कराने के लिए रख लिया कि, 'गजेन्द्र नारायण जी, आपका लेखन अतीव सुन्दर और सराहनीय है।' परन्तु न जाने किन कारणों से वे इसे साकार रूप नहीं दे पायीं।

जाने-अनजाने यह सुर विवादित हुआ। पर विवादी सुर यदि ठीक तरह से सही जगह लग जाये तो उसका मज़ा कुछ और ही होता है। अन्ततः पुस्तक पाठकों के हाथों में है।

–गजेन्द्र नारायण सिंह

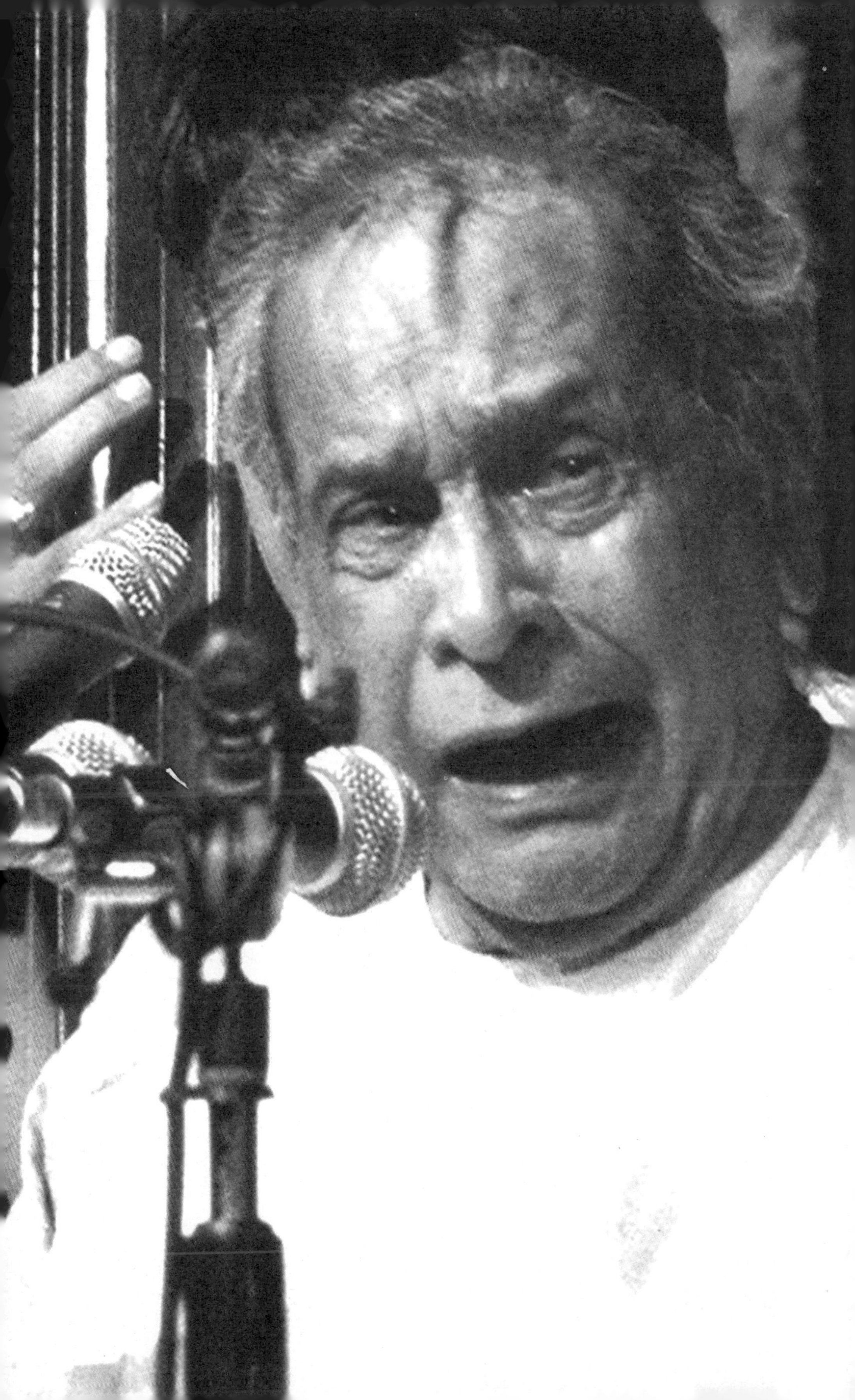

हिन्दुस्तानी सङ्गीत के कीर्त्तिवाहक एक-एक करके बिछुड़ते जा रहे हैं। अभी कुछ ही साल पहले किराना घराना की प्रख्यात गायिका विदुषी गंगूबाई हंगल हमें छोड़ कर अखण्ड सुरलोक में समाहित हो गयीं। छियानवे-सतानवे साल की पकी पर सधी उम्र में गाते-गाते ही गंगूबाई चल बसीं और कुछेक अन्तराल के पश्चात् उनके प्यारे सखा गुरुबन्धु नवासी वर्षीय भीमसेन जोशी (जन्म : 1922-निधन : 24 जनवरी 2011 ई॰) भी मर्त्यलोक में अपनी इहलीला समाप्त कर गन्धर्वलोक को प्रस्थान कर गये। इस तरह किराना घराने की अट्टालिका के दो सशक्त स्तम्भ ढह गये।

पिछले वर्ष यानी 2009 ई. में जोशीजी को देखने और ख़ैरियत जानने के लिए मैं पुणें गया था। 26 मार्च (2009) को कोई चार बजे अपराह्न में लक्ष्मी पार्क, नवी पेठ स्थित उनके निवास 'कलाश्री' मैं पहुँचा। अहाते और घर में बिल्कुल निस्तब्धता छायी थी। जब भी वहाँ गया वातावरण तानपूरे के खनकते स्वर और तबले की ठनकती आवाज़ से लबरेज़ पाया—हर तरफ़ उल्लासमय माहौल—यहाँ तक कि पेड़-पौधों पर से चिड़ियों का चहकना और कोयल की कूक भी सुनायी पड़ जाती थी—फ़िज़ा सङ्गीत की मादक सुरभि से आच्छादित मिला—शागिर्दों और संगतिए कलाकारों की आवाजाही—खुशनुमा आनन्दमय उमंग से ओतप्रोत वातावरण। पर 26 मार्च को जब वहाँ पहुँचा, तो शान्त नीरवता-सन्नाटा गहराया था—मन में अपशकुन की आशंका घिरने लगी—लगा कि कहीं किसी दूसरे के मकान में तो नहीं घुस गया। पर ज्योंही आगे बढ़ा—बरामदे पर पहुँचते ही खुले दरवाज़े से देखा कि जोशीजी अपने बैठकखाने में एक इज़ी चेयर (Easy Chair) पर पाँव पसारे विराज रहे थे। आशंका दूर हुई कि सब ठीक-ठाक ही है।

उनका ड्राइंग रूम जिसमें शिरडी के साईं बाबा की बड़ी-सी तस्वीर शीशा लगे मन्दिरनुमा लकड़ी के शो केस में लगी थी—दीवार पर उस्ताद अब्दुल क़रीम ख़ाँ और पण्डित सवाई गन्धर्व के पोर्ट्रेट टंगे थे। साथ ही एक तरफ़ कोने में क़रीने से पितामह की याद तरोताज़ा कराता उनका तम्बूरा जिसकी छत्रछाया में किराना

घराने का वह बब्बर शेर गवैया वार्धक्य की थकान से शान्त-क्लान्त-शिथिल पाँव पसारे मूक गम्भीर बैठा था। उन्हें ऐसी हालत में देखकर मेरी आँखें छलक आयीं। पर उनके चेहरे पर दीर्घ साधना की गरिमायुक्त आभा उस ख़ामोशी में भी उनके मुखमण्डल की तेजस्विता को रंचमात्र भी मलिन होने नहीं दे रही थी। मिलते ही मैंने झुक कर उन्हें नमस्कार किया तो मेरा हाथ पकड़ कर बोले, 'बसऽऽऽ! तबीयत बरी नाहिं, माफ़ करऽऽऽ।' छूटते ही मैंने कहा, ऐसे क्यों बोल रहे हैं? आप तो बिल्कुल प्रसन्नचित्त दिख रहे हैं। फिर जरा (बुढ़ापा) तो स्वयं में रोग है। भला, इससे अछूता कोई रह पाया है? अभी तीन-चार साल पहले तक पूरे दमखम ओ रवानगी के साथ आप गाते रहे—अपने गुरुवर्य को 'सवाई गन्धर्व सङ्गीत महोत्सव' में गाकर स्वराञ्जलि अर्पित किए हुए कितने दिन हुए?'

सचमुच हिन्दुस्तानी सङ्गीत की गुरु-शिष्य परम्परा के आदर्श को 20वीं सदी में जिस निष्ठा और समर्पण भाव से भीमसेन जोशी ने उजागर रखा वह जब तक गुरु-शिष्य परम्परा कायम रहेगी चर्चा का विषय बना रहेगा और सङ्गीत की नयी पौध तथा भावी पीढ़ियों को अनुप्राणित कर मार्गदर्शन करता रहेगा।

मैंने देखा; मेरी बातों से जोशीजी के चेहरे पर मुस्कुराहट की एक हल्की-सी लकीर खिंच गयी। खुश होकर मेरी पीठ ठोकी उन्होंने। बात आगे बढ़ाते हुए मैंने कहा, 'हम इस बात से गौरवान्वित हुए हैं कि आप एकमात्र ऐसे सङ्गीतकार हैं जिन्हें 'भारत रत्न' से अलंकृत करने के लिए भारत सरकार को आपके दरवाज़े तक आना पड़ा। आज तक किस कलाकार को यह नसीब हो पाया था?' इतिहास साक्षी है कि सदियों से हमारी राजव्यवस्था अपने श्रेष्ठ कलाकारों का यथोचित मान-सम्मान करती रही है। कलाकारों का सम्मान करना भारतीय संस्कृति और परम्परा का महत्त्वपूर्ण अङ्ग रहा है।

कोई पैंतालिस मिनटों तक उनके पास मैं रहा—कुशलक्षेम पूछता रहा। इतने में उनकी पोती तश्तरी में काजू की बर्फ़ी और गिलास में पानी लेकर आयी—मैंने तश्तरी से एक बर्फ़ी उठाकर उसे 'प्रसाद' समझ मुँह में डाल लिया। फिर ज़्यादे देर तक बैठना मुनासिब नहीं समझा, क्योंकि बोलने में उन्हें कठिनाई हो रही थी। चरण स्पर्श कर मैंने विदा होने की इजाज़त माँगी। मेरे सिर पर हाथ रखते हुए उन्होंने बड़े प्यार से कहा, 'खुश रहिए, खूब आनन्द बाटला परत या।' चलते-चलते उनके लिए अपने साथ लाये, मिठाई का डब्बा और फलों का पैकेट उनकी पोती के हाथों में देकर रुख़्सत हुआ। बुजुर्गों ने यह संस्कार दिया कि गुरुजन के यहाँ कभी भी खाली हाथ नहीं जाना। सम्मान प्रदर्शित करने का यह रिवाज़ हमारी तहज़ीब का हिस्सा है।

एक ख़्वाहिश मेरे मन में ही रह गयी। अपने संस्मरणों की पुस्तक 'सुरीले लोगों की संगत' की प्रति जोशीजी को मैंने उपहार स्वरूप भेजी थी। कुछ दिनों

के बाद मैंने पुणें फोन किया। उनके लड़के श्रीनिवास जोशी से फोन पर मेरी बातें हुईं। श्रीनिवास जी ने मुझे बताया कि, 'पिताजी को आपकी किताब पढ़कर सुनायी तो उन्होंने तारीफ़ करते हुए कहा, 'गजेन्द्र नारायण बड़ा अच्छा लिखता है—उसकी लेखनी सटीक और दिल को छूने वाली होती है।' यह सुनकर मैंने श्रीनिवास से कहा, 'आप अपने पिताजी के लेटरहेड पर इतना लिख कर उनसे नीचे हस्ताक्षर करवा कृपया मुझे भेज दें।' श्रीनिवास ने बताया कि जोशीजी को लिखने में दिक़्क़त होती है। प्रत्युत्तर में मैंने कहा, 'भई, उन्हें अवश्य कष्ट होता होगा। यह मैं अच्छी तरह समझता हूँ, पर केवल हस्ताक्षर की तो बात है, और उनका हस्ताक्षर कोई लम्बा-चौड़ा भी नहीं है। आप किसी तरह उनका हस्ताक्षरयुक्त पत्र मुझे भेज दें। मेरे लिए वह बहुत ही बेशक़ीमती दुर्लभ धरोहर होगी।' मुझे लगता है, मेरी बातों को श्रीनिवास ने सीरियसली (Seriously) नहीं लिया। इस तरह मेरी साध पूरी नहीं हो सकी—मन में ही रह गयी। श्रीनिवास ने अपने पिताजी की यादगार निशानी से मुझे महरूम रखा। ऐसा करके उसने अच्छा नहीं किया।

मैंने देखा है, चोटी के कलाकारों की सन्तान में अपने पिता जैसा संस्कार नहीं होता है। मेरे गुरुवर्य विनायक बुआ पटवर्धन के लड़कों में भी बुआ जैसी दरियादिली नहीं थी। ऐसा क्यों होता है? मेरी समझ में आज तक नहीं आया और रहस्य ही बना हुआ है।

जब मार्च, 2009 में जोशीजी से मिलने पुणें गया था तो मुझे लगा कि मैंने नाहक अपनी पुस्तक डाक से उन्हें भेज दी—मुझे अपने साथ ले जानी चाहिए थी। अपनी मौजूदगी में साध पूरी करके वापिस लौटता। पर होता वही है जो मंजूरे खुदा होता है—प्रारब्ध प्रबल होता है, उसे कौन टाल सकता है।

26 मार्च (2009) को पण्डित भीमसेन जोशी की खैरियत जानने और उनसे दुआ लेने उनके निवास पर मैं गया था। और दूसरे दिन यानी 27 मार्च की सन्ध्या MIT, पुणें में मेरा सत्कार-सम्मान किया गया—इन्स्टीच्यूट के डाइरेक्टर

डॉ॰ विश्वनाथ कराड की देखरेख में एक भव्य सङ्गीत जलसे का आयोजन किया गया था। डॉ॰ कराड ने एक खास तरह की ज़रीदार दुशाला ओढ़ा कर मुझे सम्मानित किया। यह दुशाला ख़ास अवसरों के लिए ही है—बिल्कुल नुमाइशी।

मेरे सम्मानार्थ आयोजित सङ्गीत जलसे में फ्यूज़न म्यूजिक (Fusion Music) का कार्यक्रम रखा गया था जिसमें अरेबियन सूफ़ी म्यूजिक की एक गायिका, एक डच सितार वादक (जो पण्डित अशोक पाठक का शागिर्द था) और पखावज पर युवा पखावजी उद्धव शिन्दे थे। तीनों ने मिलकर इतना बढ़िया समां बाँधा कि सुनकर तबीयत खुश हो गयी। अरेबियन सूफ़ी सङ्गीत की प्रस्तोता की आवाज़ तो कमाल की थी जो दिल में पैठ जाती थी—डच सितारिया भी सधा हुआ कलाकार था और पखावजी उद्धव शिन्दे के क्या कहने—सब कुछ श्रवणीय-लासानी। कुल मिलाकर सङ्गीतमय वह सन्ध्या आनन्ददायक और यादगार रही। यों तो फ़्यूजन सङ्गीत का मैं विरोधी रहा हूँ, क्योंकि इसका कोई Clear Conception नहीं बन पाया है। लेकिन उक्त सन्ध्या का वह फ़्यूजन म्यूजिक बड़ा ही सोचा-समझा और सुनियोजित था—उस फ़्यूजन में कहीं भी कन्फ़्यूजन नहीं था।

MIT, पुणें के भव्य सुसज्जित हॉल में दीप प्रज्वलन के पश्चात् मैंने अपने उद्‌बोधन में जोशीजी की चर्चा करते हुए कहा कि, 'यह ऐतिहासिक शहर (पुणें) मेरा गुरुधाम रहा है—मेरे गुरुवर्य पण्डित विनायक बुआ पटवर्धन स्थायी रूप से यहीं रहते थे।

पर मेरे इस गुरुधाम में मेरे एक गुरुभाई सरीखे हिन्दुस्तानी सङ्गीत का ऐसा शलाका पुरुष जो मेरे गुरु बुआ साहब का भी चहेता रहा, पण्डित भीमसेन जोशी—अब अपनी ज़िन्दगी के आखिरी पड़ाव पर हैं—भारत सरकार ने इस महान गायक को राष्ट्र के सर्वोच्च नागरिक अलंकरण से सम्मानित किया है। किराना घराना का यह शेर गवैया आपके शहर में निवास करता है। अब वह अपनी अन्तिम घड़ियाँ गिन रहा है—पण्डित जोशी न केवल आपके इस पुणें

शहर के, न केवल महाराष्ट्र के, न केवल भारत वर्ष के, अपितु पूरी दुनिया के सर्वमान्य सम्मानित कलाकार हैं। जिन्होंने पूरे मुल्क़ का नाम दुनिया में रौशन करने का स्तुत्य कार्य किया है। भारत एवं भारतवासियों को गौरव दिलाया है।

ऐसा सङ्गीतकार जो हमारी धरोहर है, सैकड़ों वर्षों में इस धरा पर अवतरित होता है, क्योंकि उसकी साधना और सिद्धि गहन और विरल होती है जो अमिट छाप छोड़ जाती है। आपका फ़र्ज और दायित्व होता है कि आप जाकर उनकी खोज-खबर लेते रहें, देखरेख-खिदमत करें, देखें कि उन्हें किसी तरह का कष्ट न हो। ऐसा एक सङ्गीतजीवी होने के नाते मैं नहीं कह रहा हूँ, बल्कि इसलिए निवेदन कर रहा हूँ कि श्रेष्ठ कलाकार-साहित्यकार-शिल्पकार समाज और देश की धरोहर होता है जिसकी हर हालत में हिफ़ाजत होनी चाहिए। कलाकार और उसकी कला समाज को उदात्त बनाती है—संस्कारित करती है। भारतवर्ष में कलाकारों की देखरेख और उनका मान-सम्मान करने की सुदीर्घ परम्परा रही है।

आपके शहर की सांस्कृतिक पृष्ठभूमि अत्यन्त ही उज्ज्वल रही है, जिसके निर्माताओं में एक महती हस्ती पण्डित जोशी भी हैं, गुरु कृपा से मेरी बातों का MIT के उस सारस्वत समागम में उपस्थित लोगों पर बड़ा प्रभाव पड़ा। दूसरे दिन, पुणें शहर से निकलने वाले कई स्थानीय समाचार पत्रों (मराठी और हिन्दी दोनों) में मेरी तस्वीर के साथ जो कुछ भी मैंने कहा था उसका हवाला देते हुए सविस्तार रपट छपी। गैर-हिन्दी राज्यों में इन बातों के लिए लोगों और मीडिया में जैसी जागरूकता है, उसका हिन्दी प्रदेशों में नितान्त अभाव दिखता है। इसी कारणवश हिन्दी अंचलों की तुलना में कला-संस्कृति और बौद्धिक दृष्टि से अहिन्दी क्षेत्र अधिक विकसित हैं।

x x x x x x x x

1958 ई. का दशहरा जब पण्डित भीमसेन जोशी को पहली बार पटना के गोविन्द मित्र रोड में आयोजित सङ्गीत जलसे के प्रातःकालीन सत्र में उनका गाया राग ललित का ख़्याल सुना था—अस्थायी के बोल थे, 'रैन का सपना मैं का से कहूँ री अपना...।' वह ज़माना था जब भीमसेन खूब पीते थे। उस भोर की वेला में भी वह पी कर धुत्त थे—चढ़ी हुई बड़ी-बड़ी रक्तिम आँखें—लटपटाते पाँव, मंच पर आकर विराजमान हुए—सादा लिबास (सफेद कुर्ता-पाजामा और बिस्कुट कलर की बंडी)—कोई दिखावा, तामझाम नहीं। वैसी नशे की हालत में देख कर लगा कि वह क्या गायेंगे—गा सकेंगे या नहीं, या मंच पर ही ढेर हो जायेंगे—तरह-तरह की आशंकाएँ मेरे मन में उठ रही थीं। पर यक़ीन कीजिए, तानपूरे के स्वर छिड़ते ही, अल्प अलाप लेकर अस्थायी के बोल भरते हुए 'सम' पर वह इस नज़ाकत और नफ़ासत से आये कि विस्फारित नेत्रों से मैं देखता

ही रह गया—ठगा-सा, मेरी तो टकटकी लग गयी। फिर बहलावे-बढ़त करते हुए दमकश की एक ही साँस में तीन सप्तक की क़रिश्माई आतिशी तानकारी की कई-कई आवृत्तियों की लपेट, मनोमुग्धकारी सुरीली छटा, वल्लाह! तानों की उस महताबी रवाइश में लगा कि सुरों के स्वप्निल लोक में सहसा पहुँच गया—क्या अदाकारी थी कि याद करके मेरे रोयें खड़े हो जाते हैं। उस रोमांचक सुरीले लम्हे के स्मरण मात्र से मेरे तन-बदन में इक अजीब सी सुखदायी सिहरन दौड़ जाती है। कोई दो-ढाई घंटे तक अपनी अनूठी पेशकश से भीमसेन जोशी ने एक माहौल खड़ा कर दिया था—उस हृदयस्पर्शी प्रस्तुति की खूबियों को बयाँ करने के लिए मेरे पास अल्फ़ाज़ नहीं हैं—उस नैसर्गिक रसानन्द को तो केवल अनुभूत किया जा सकता है—'गूँगे जैसा स्वाद है, बयाँ हो ही नहीं सकता।' जोशीजी से यह मेरा प्रथम साक्षात्कार था—उनके गायन के इस पहले रू-ब-रू आस्वाद ने मुझ नाचीज़ को उनका हमेशा के लिए मुरीद बना डाला।

मेरे कॉलेज छात्र जीवन के वे बड़े प्यारे दिन थे। तब मैं पटना कॉलेज में बी.ए. ऑनर्स (इतिहास) का छात्र था। उन दिनों पटना में दशहरा के पावन पर्व पर जगह-जगह खुले पण्डालों में सङ्गीत जलसे की धूम मची रहती थी—लगातार तीन-चार रातें पटनावासी सड़कों पर 'रतजगा' होकर सङ्गीत-सुधा का छक कर पान करने में काट देते थे। उन सङ्गीत जलसों में जन सैलाब सड़कों पर उमड़ पड़ता था और एक-एक जगह पण्डाल से बाहर सड़क पर पचास-साठ-सत्तर हजार तक लोग खड़े-खड़े सुनते रहते थे। कोई शोरशराबा नहीं, न कोई हंगामा और अप्रिय घटना। शायद इसी वज़ह से देश के तमाम सङ्गीतकारों में पटना के श्रोताओं के लिए बड़ी इज़्ज़त थी—बहुत हद तक अब भी है। पर अब वो पटना नहीं है जब सङ्गीत के लिए यहाँ के लोग उतनी बेक़रारी से इन्तज़ार करते थे।

गोविन्द मित्र रोड भीमसेन जी प्रायः हर साल आया करते थे—वहीं से सन् 1944 ई. में दशहरा सङ्गीत समारोहों की शुरुआत हुई जो फैलते-फैलते बाद के वर्षों में मारूफ़गंज पटना सिटी (अब पटना साहिब) से झुनझुनवाला लेन, दानापुर कैण्ट तक पहुँच गया। उन सङ्गीत जलसों में देश के तक़रीबन सभी नामचीन गाने-बजाने वाले शिरकत करने आया करते थे, गो कि दशहरा के दौरान पटना शहर गन्धर्वलोक में तब्दील हो जाता था। बिहार की राजधानी पटना के सांस्कृतिक परिदृश्य का वह बहुचर्चित नज़ारा था जो अब दिवास्वप्न हो गया—लगभग पचास वर्षों तक हर वर्ष होने वाले इस नायाब सङ्गीत जलसे का पराभव हो गया। धीरे-धीरे सांस्कृतिक आयोजनों क़ी गहमागहमी से परिपूर्ण पटना की सरज़मीं मरुस्थल में परिवर्तित होती गयी। इसे सामाजिक और राजनैतिक व्यवस्थाओं का ही दोष कहा जा सकता है।

1958 ई. से लेकर जोशीजी के निधन तक के बावन वर्षों की लम्बी

समयावधि में मेरा उनसे सम्बन्ध गहराता गया—अन्तरंगता में रंगता गया। गुरु कृपा से मैं बड़भागी हूँ कि सङ्गीत जगत के अमूमन सभी वरिष्ठ कलाकारों से इस दीन-हीन सङ्गीत पुजारी को अपार स्नेह मिलता रहा। मैंने अपने संस्मरणों में अन्यत्र भी जोशीजी तथा अन्य सङ्गीतज्ञों पर बहुत कुछ लिखा है। पर भीमसेन जी के बावन सालों के लम्बे साहचर्य में इतनी कड़वी-मीठी यादें मेरे ज़ेहन में संचित हैं कि उसे कोरे काग़ज़ पर उकेरने के बावजूद कुछ न कुछ लम्हे और प्रसङ्ग अनछुए ही रह जायेंगे।

जोशीजी के जीवन में अनेकानेक उतार-चढ़ाव, झंझावात आये-बड़ा संघर्षमय जीवन रहा उनका—गुरु की तलाश से लेकर हिन्दुस्तानी सङ्गीत का शिखर पुरुष बनने तक की कहानी जैसे सङ्गीत के 'रॉबिनहूड' के अफ़्साने से कम दिलचस्प और प्रेरक नहीं। उन्हें कठिन से कठिन चुनौतियों का सामना तथा दुर्गम परिस्थितियों से गुजरना पड़ा—'वह ज़िन्दगी ही क्या जो काँटों के दरम्यां न गुज़रा हो—'घृष्टं-घृष्टं चन्दनम् चारूगन्धम्', चन्दन की जितनी घिसाई होती है उतनी ही निर्मल शीतल सुगन्ध उससे निकल कर फ़िज़ा को सुवासित करके खुशनुमा बना देती है। ठीक उसी तरह जैसे सोना आग में तप कर ही कुन्दन बनता है और स्वर्णाभा बिखेरता हुआ माहौल को रौशन कर देता है। भीमसेन ऐसी ही साधना की भट्ठी में जीवन भर तपते रहे जिससे उनकी कठोर साधना ने ऐसे रंग लाये कि वह हिन्दुस्तानी सङ्गीत के युग पुरुष बन गये।

दूसरे, भीमसेन जोशी के गायन में एक तरह की दबंगता और आक्रामकता उनके अत्यन्त ही कष्टकर संघर्षमय जीवन को ही परिलक्षित करती थी। पर उस आक्रामक भाव और दबंग तेवर में भक्ति, उत्सर्ग, समर्पण और करुणा के सागर की लहरें तरंगित होती दिखती थीं जो उनकी प्रस्तुतियों को दूसरे गवैयों से अलग-थलग रख कर विशेष आकर्षण से भर देती थी—यह उनकी गायकी का लाक्षणिक

एवं मौलिक, वैशिष्ट्य था। प्रस्तुतियों में उनकी दबंगता में कोमलता और मधुरता का स्पर्श छिपा होता था जिसे भीमसेन जोशी अपनी अनूठी रसार्द्र प्रस्तुतियों द्वारा साबित करते थे। उनकी गायकी ओजपूर्ण पर भक्ति, करुणा और समर्पण के स्फूर्त आवेग का, अनुपम संयोग होती थी जो सुनने वालों को विदग्ध कर बरबस अपने आग़ोश में समेट लेती थी।

सुकुमार और सुकोमल स्वर प्रधान किराना गायकी में दबंगता के आवेग को सुरों के जिस रेशमी मुलायम आवरण में लपेट कर भीमसेन ने अपने घराने की गायकी को भव्यता प्रदान कर एक क्रान्तिकारी मुंडेरे पर ला खड़ा किया था वह हिन्दुस्तानी सङ्गीत और ख़्याल गायकी के इतिहास की सुनहरी घटना कही जायेगी।

मैंने पहले कभी लिखा था कि, This characteristic exceptional excellence of Joshi's gayaki was a land mark not only in the whole span of Kirana Gayaki, but Hindustani Music too. People may object by saying it a deviation from the Kirana format, but I will say that it was in deed a novel expansion of the sphere of Kirana Gayaki.

भीमसेन जोशी के अनुसार, 'तालीम के लिए घराने का अनुशासन अत्यावश्यक है। लेकिन जैसे ही कलाकार अदाकारी में मँजता जाता है तो आगे का रास्ता प्रशस्त करने के लिए घराना के बन्धन को थोड़ा ढीला करना पड़ता है–ऐसा करने में हर्ज नहीं है–ऐसा करने से कला-प्रस्तुति का दायरा विस्तृत होता है और उसकी ऊँचाई में बढ़ोतरी होती है–ऐसा करने से कलाकार को अपनी सृजनात्मक प्रतिभा का परिचय देने में सहूलियत होती है–ऐसा करने में घराने से पलायन नहीं करते, क्योंकि घराना तो माता समान है, उसके दामन की साया के बिना हमारा अस्तित्व ही नहीं रहता।' भीमसेन ने घराना की व्याख्या जिस परिपक्वता से की है उससे सङ्गीत में उनकी गहरी पैठ, परिष्कृत सोच और व्यापक नज़रिया का परिचय मिलता है। शायद इसीलिए घराना सङ्गीत पर विशद शोध करने वाले विद्वान सङ्गीतज्ञ पण्डित वामन हरि देशपाण्डे का कथन उचित जान पड़ता है कि, 'सृजनात्मक जोशी पूर्णतया परम्परावादी और घरानेदार हैं। भीमसेन अन्तर्मन से एक ख़्याल गायक ही हैं।'

कलाकार की सृजनात्मकता और उसके व्यक्तिगत जीवन में एक बिन्दु पर आकर कोई अन्तर नहीं रह जाता, क्योंकि वह कला-साधना और सृजन में इतना तल्लीन हो जाता है कि सांसारिक जीवन के गोरख धन्धे की उसे सुधि ही नहीं रहती। ऐसा कलाकार की बेताबी या बेकली की वज़ह से होता है–यह जो कलाकार की बेकली है उसी की बदौलत भीमसेन कला-साधना के चरम पर पहुँच सके। इसे मिर्ज़ा असदुल्लाह ख़ाँ 'ग़ालिब' सरीखे शायर ने किस तरह

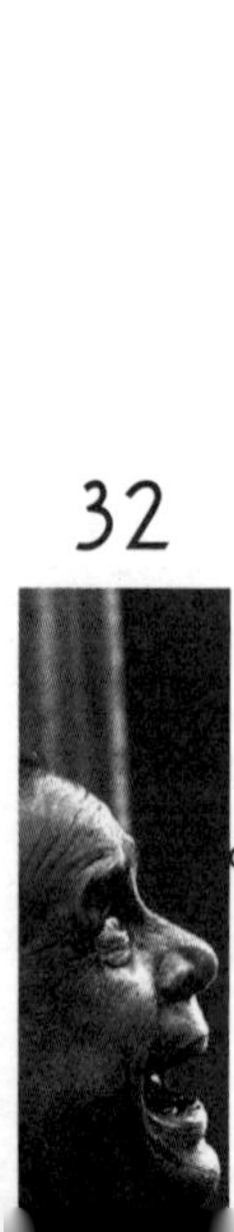

व्यक्त किया है, मुलाइज़ा हो 'आशिक़ी सब्र तलब और तमन्ना बेताब, दिल का क्या रंग करूँ, खूने जिगर होने तक।'

जोशीजी जिस तरह से घराना, साथ ही सृजनशीलता के महत्त्व और उसकी अनिवार्यता पर सोच और विचार रखते थे, उसी तरह अतरौली-जयपुर घराने की प्रख्यात प्रतिनिधि गायिका विदुषी किशोरी अमोनकर भी कहती हैं, 'घराना कमण्डल में गंगाजल रखने जैसा है, लेकिन गंगा तो वृहत विशाल है और घराने को सङ्गीत के समुद्र में विलीन होने का प्रयत्न करना चाहिए।'

किशोरी बहना ने कभी कहा था कि, 'घराना तो माता जैसी है, उससे बिल्कुल विलग होकर भी नहीं रहा जा सकता, ऐसा करने से हम अपनी पहचान खो बैठेंगे।' पर चूँकि एक कलाकार सृजनशील होता है, इसलिए उन्होंने विभिन्न घरानों की अच्छी बातें लेकर बहुत कुछ हासिल किया है—इससे उनकी कल्पना शक्ति को पंख लगते हैं, जिससे उनकी गायकी का प्रस्तार हुआ है। 'किन्तु वह दृढ़तापूर्वक मानती हैं कि, 'उनके सङ्गीत का आधार अतरौली-जयपुर घराना ही है।'

लगभग इससे मिलती-जुलती सोच भीमसेन जोशी भी रखते थे। हर बड़ा कलाकार सोचता है कि दूसरे से हट कर उसने अपनी गायकी द्वारा क्या दिया? गुज़िश्ता ज़माने से ही हर घराना के बड़े प्रस्तोता इसका पालन करते रहे। इसलिए घराना गायकी में नयी चीज़ों के समावेश के लिए घरानेदार प्रस्तोताओं ने अपने द्वार खुले रखे।

भीमसेन जोशी और किशोरी अमोनकर किराना तथा अतरौली-जयपुर घराने के ही गायक-गायिका कही और मानी जाती रहेगी, क्योंकि दोनों की गायकियों में घराने की चारित्रिक खूबियाँ विद्यमान हैं जो भीमसेन और किशोरी दोनों ही में विलक्षण रूप से दृष्टिगत होती हैं।

पुरानी पीढ़ी के बुजुर्ग सङ्गीतकार बताते थे कि एक उम्दा गायक बनने के लिए चार सीढ़ियों से गुज़रना पड़ता है—ये सीढ़ियाँ हैं, पुख़्ता तालीम, दुर्धष रियाज, जिगर और हिसाब। मसलन पुख़्ता तालीम, दुर्धर्ष रियाज, और जिगर एवं हिसाब, मतलब रूह से गाना और हिसाब से तात्पर्य है, लय, छन्द, ताल और लयकारी की गणना। इन चारों शर्तों को पूरे मनोयोग से पूरा करने में जो गायक सफल होता है, वह भीमसेन की तरह उच्च कोटि का माहिर गायक बन सकता है। भीमसेन ने पूरी निष्ठा के साथ इन चारों सीढ़ियों को पार करने में क़ामयाबी पायी थी।

भीमसेन अपने मन का गवाक्ष हमेशा खुला रखते थे। उनका चिन्तन और रियाज ऐसा था कि सात दशकों तक निर्बाध पूरी ताज़गी और दमखम के साथ वह गाते रहे—कहीं भी शिथिलता नहीं आयी उनकी प्रस्तुतियों में। अपने व्यक्तित्व की इसी विलक्षणता के फलस्वरूप हिन्दुस्तानी सङ्गीत के रण क्षेत्र में

वह अपराजेय कुशल और सफल योद्धा बने रहे।

उस्ताद फ़ैयाज़ ख़ाँ की तरह भीमसेन जोशी की आवाज़ चौड़ी, भारी, मोटी, ढाला पाटदार और गम्भीर थी। खुदा मियाँ ने उन्हें मधुर आवाज़ से नहीं नवाज़ा था। किन्तु प्रखर मेधा, कुशाग्र बुद्धि, असाधारण प्रतिभा, पुख़्ता तालीम, कठोर अटूट रियाज और प्रबल इच्छाशक्ति के जरिए उन्होंने अपनी मोटी, चौड़ी, रस्टिक (rustic) गँवई आवाज़ को तराश कर उसमें ग़ज़ब की ऐसी लोच और कूट-कूट कर मिश्री की डलिया की मिठास भर दी कि उनका धीर-गम्भीर स्वर बेहद असरदार बन गया। अपने स्वरों की ऐसी मँजाई की, ऐसा सँवारा कि माधुर्य, लचक-चमक, आकर्षण और गहराई से भर गया कि पहला स्वर लगाते ही किसी भी महफ़िल में छा जाता था। भीमसेन की आवाज़ और गायकी पूरी तरह ख़्यालिए की थी।

अपनी प्रस्तुतियों द्वारा जोशी रागों को नयी पहचान देते थे। अपनी गायकी में एक राग को नये ढंग से व्याख्याचित करते थे। यही वज़ह है कि विभिन्न अवसरों पर सुने गये उन्हीं रागों में श्रोताओं को नयापन महसूस होता था। राग सङ्गीत और कुशल सक्षम प्रस्तोता की यही खासियत होती है। इसलिए अनन्तकाल से प्रचलित राग कभी बासी नहीं हो पाये—उनमें नाविन्य, ताज़गी, अनूठापन और आकर्षण ज्यों-का-त्यों बरक़रार है। शायद यही कारण है कि उन्हें और उनके समकालीन बड़े घरानेदार सङ्गीतकारों को नये राग रचने की आवश्यकता महसूस नहीं हुई।

नूतन राग रचने के सम्बन्ध में पण्डित मल्लिकार्जुन मंसूर कहते थे—'इतने ढेर सारे राग हैं, हमारे सम्प्रदाय में कि अभी तक उनपर हमारा रियाज़-चिन्तन हुआ ही नहीं। हमारे बुजुर्गों ने हमारी परम्परा में इतने राग बना रखे हैं कि नये राग की ज़रूरत ही नहीं। एक-एक राग के कितने प्रकार हैं, तो उन सबों को साधना एक जीवन में सम्भव है क्या?'

अन्ना (मंसूर) कहते थे कि—'नये राग आप किधर से लायेंगे? राग बागेश्वरी को लीजिए, सचमुच में श्रुतियुक्त स्वरों से बागेश्री का स्वरूप बताओ पहले, बाद में फिर स्वतंत्र राग की बात करो, ऐसे ही बंडलबाजी नहीं।'

'अभी तो हमको सीखे हुए रागों को सोचते-सोचते ही ज़िन्दगी बीत रही, तो नया राग कैसे बनाएँ? बड़े मियाँ (अल्लादिया ख़ाँ साहब) तीस बरस तक सब रागों पर चिन्तन किये। उनके फ़रज़ंद मंजी ख़ाँ साहब बम्बई के तीस जलसों में अलग-अलग राग गाये, तो वैसी क्षमता होनी चाहिए, क्या वह नये राग नहीं बना सकते थे? पर उसकी ज़रूरत नहीं समझी उन्होंने।'

भीमसेन की रागदारी की चारदीवारी में ढेरों घरानों के कपाट खुलते नज़र आते थे। किन्तु उसका गर्भगृह मौलिकता की पहचान लिए यानी अपने घराने

की खुशबू से तर होता था। घराने की लीक से यह विचलन नहीं अपितु उसका फैलाव था। शायद इसीलिए भीमसेन अपनी गायकी का तानाबाना बुनने, स्वर की गोलाई का तानाबाना बुनने और स्वर की गोलाई क़ायम रखने में सबसे ज़्यादा तरज़ीह विदुषी केसरबाई केरकर को देते दिखते थे। यह उनके संस्कार में उसी समय आ गया था, जब गुरु की तलाश में घुमन्तू बने भीमसेन ने मंद्र षड्ज से तार षड्ज तक के सुरों की यात्रा में अनेक घरानेदार गायक-गायिकाओं की गायन शैलियों, रागदारी और गायकी की सूक्ष्म से सूक्ष्मतम बारीक़ियों की जानकारी प्राप्त की। इसलिए इस एकनिष्ठ सुरसाधक का दर-दर भटकना और गुरु की तलाश में घरानेदार सङ्गीत कारों के दरवाज़े खटखटाना अकारथ या निष्फल नहीं गया, वहाँ भी उनकी तीक्षा ग्राह्यशक्ति सक्रिय रही। कितना दुष्कर और कष्टकर होता है सङ्गीत -साधना की डगर। अमीर ख़ुसरो फ़रमाते थे–'बहुत कठिन है डगर पनघट की' जिस पर निरन्तर बिना विराम लिए चलते हुए भीमसेन ने अपनी मंज़िल तय की और मुक़ाम हासिल किया। 20वीं सदी के सङ्गीत के इतिहास में उन जैसी मिसाल मुझे नहीं मिलती। उनकी साधना एकलव्य, भीम और अर्जुन की तेजस्विता, ग्राह्यशक्ति और पराक्रम लिए थी।

ऐसी कष्टसाध्य सङ्गीत -साधना को पण्डित भीमसेन जोशी सरीखे हिन्दुस्तानी सङ्गीत के पुरोधा हँसकर बताते थे कि–'सङ्गीत की दुनिया में कष्टकर कुछ होता ही नहीं, होता है तो केवल आनन्द ही आनन्द, हमारे कोष में 'कष्ट' नामक शब्द है ही नहीं।' ऐसा 'नादब्रह्म' यानी 'परमानन्द' से साक्षात्कार करने वाला सुरों का रमताजोगी ही कह सकता है।

उनकी प्रस्तुतियों में सुर की उठान के साथ ही 'रागिनी ठड़ी' हो जाती थी। मंसूर कहा करते थे कि, 'सा' लगे तो वह भी राग की वर्दी पहन कर आवे।'

भीमसेन इसे बख़ूबी चरितार्थ करते थे। गायन शुरू करते, सुर लगाते ही प्रस्तुति के कैनवास (Canvas) पर राग का पूरा का पूरा 'लैंड्स्केप' (Landscape) खिंच जाता था।

भीमसेन हर राग की अदायगी में एक नयी स्वरसंगति का समावेश ज़रूर किया करते थे गो कि हर राग को बहुवचन में साधते थे। वह 'राग की रंगोली' गढ़ते थे जिसमें विभिन्न घरानों के रंगरोगन की वैविध्यपूर्ण छटा दिखती थी। किन्तु इस रंगोली के केन्द्र में किराने का 'स्वर्ण कलश' सदैव जगमगाता दिखता रहता था।

वह अपने घराने के पूर्व पुरुषों की महज़ 'कार्बन कॉपी' (Carbon Copy) नहीं थे। इस सन्दर्भ में मुझे स्मरण होता है, मल्लिकार्जुन मंसूर की एक यादगार महफ़िल जिसमें बड़े मनोयोग से तन्मय होकर वह गा रहे थे। अस्थायी भरने के बाद अंतरा की उठान उन्होंने जैसे ही ली कि उस महफ़िल में बैठे किसी श्रोता

ने टोकते हुए कहा, 'बड़े मियाँ' (अल्लादिया ख़ाँ) अंतरा ऐसे नहीं उठाते थे, फिर क्या था, ध्यानस्थ मंसूर व्यवधान उपस्थित करने पर आहत होकर तिलमिलाते हुए बोले—''मैं भी जानता हूँ कि बड़े मियाँ अन्तरा कइसे कू उटाते थे, पर मैं क्या बड़े मियाँ का 'कॉर्बन कॉपी' हूँ? तो सुनो—'बड़े मियाँ अंतरा कइसे उटाता था, मेरे उस्ताद मंज़ी ख़ाँ साहब कइसे उटाता था और मल्लिकार्जुन मंसूर कइसे कू उटाता है' कर्नाटकी लहज़े में इतना कह कर अन्ना तीनों उठावत बारी-बारी से अदा कर गये। 'चीज़' की बंदिश में जब कोई समझदार गायक अपना रंग भरता है तो इसीलिए नहीं भरता कि मूल चीज़ की उठावत नहीं जानता, बल्कि इसलिए भरता है कि उठावत के अनुषंग से वह अनेक आकर्षक स्थलों को दिखाता चलता है। अंतरे का डौल रखते हुए मंसूर ने एक के बाद एक अलग-अलग अंग से तार षड्ज का वही 'सम' दिखाया। यही महान् गायक की सृजनशीलता की पहचान—अपनी मुहर की छाप होती है।

आगे इस बात का खुलासा किया गया है कि मंसूर साहब से किस प्रकार भीमसेन प्रभावित थे। कभी भी अपने घराने की चौखट अनावश्यक ढंग से लाँघने की धृष्टता उन्होंने नहीं की। इस सन्दर्भ में अनायास मुझे एक रोचक प्रसङ्ग ख़्याल आ रहा है। अपने समय की महान् ख़्याल गायिका 'सुरश्री' केसरबाई केरकर से कुछ लोगों ने कहा कि, 'इन दिनों भीमसेन जोशी उनकी 'चीज़ें' और गायकी की खूबियों को उड़ाकर गा रहे हैं।' फिर क्या था, जोशीजी के एक कार्यक्रम में बगैर सूचित किये केसरबाई पहुँच गयीं और चुपचाप हॉल (Hall) की सबसे अन्तिम पंक्ति की एक कुर्सी पर जा कर बैठ गयीं।

जब जोशीजी स्टेज पर आए तो बैठते ही उनकी नज़र एकाएक पीछे की पंक्ति में विराजमान केसरबाई पर पड़ी। वह उठकर उनके पास गये और हाथ जोड़कर विनम्रतापूर्वक बोले—'बाई साहिबा पीछे बैठकर मुझे क्यों शर्मिंदा कर रही हैं, मेहरबानी करके चलकर आगे बैठिये।' भीमसेन की मनुहार को केसरबाई टाल नहीं सकीं और उनके साथ सामने जाकर बैठ गयीं।

उनकी उपस्थिति में भीमसेन जोशी ने खूब जमकर गाया। उन्होंने अपना गायन राग मुल्तानी से प्रारम्भ किया। जोशीजी के उस कंसर्ट (Concert) के चश्मदीद गवाह मोहन नाडकर्णी थे। उस कंसर्ट को नाडकर्णी ने बखूबी चित्रित किया है, क्योंकि सुनकारों में वह भी एक विशिष्ट श्रोता थे।

In Mohan Nadkarni's words, 'After the opening number in the raga Multani which he unfolded so charmingly with the right emphasis on tivra madhyam and komal gandhar and their subtle concordant relationship he switched over to Marwa and then Pooriya in easy succession. A rare feat; this by any standards, sensing the amazement and admiration

of cognescenti in the audiences, Bhimsen said that 'it was meant especially for Kesarbai.'

गायन समाप्त करके जोशी डायस से नीचे उतरकर केसरबाई के पास आये और अत्यन्त ही विनयभाव से पूछा–'मेरा गाना कैसा लगा आपको?' केसरबाई ने हँसते हुए कहा–'भीमसेन! मैं तो यह देखने और सुनने आयी थी कि तुमने मेरी चीज़ें किस हद तक चुराई हैं तुमने चुरायी तो हैं, पर सुभान अल्लाह! तुम्हारा जवाब नहीं, तुमने उसे 'भीमसेनी चादर' ओढ़ा दी, शाबाश! जीते रहो।' सङ्गीत की दुनिया के सभी लोगों को मालूम है कि केसरबाई गर्म और तुनुक मिज़ाज थीं, पर बाई का जवाब नहीं। जरा गुणगाहकता तो देखिए उनकी कि, बोलीं '....... तुमने भीमसेनी चादर ओढ़ा दी।' वल्लाह! क्या कहने हैं–केसरबाई की टिप्पणी वैसी ही सधी हुई सटीक थी जैसी भीमसेन की गायकी। 'गुणी जाने गुणीयन को.....' सच है, सहज ही किसी की तारीफ़ नहीं करनेवाली बेहद गर्म मिज़ाज पर 'गुरुणा गुरुः' के पद पर आसीन केसरबाई से तारीफ़ का सर्टिफिकेट (Certificate) पाकर भीमसेन की खुशी का ठिकाना नहीं रहा, उनका उत्साह द्विगुणित हो गया।

कहने का आशय है कि हर ज़माने में कला और साहित्य के क्षेत्र में अपने समकालीन या पूर्ववर्ती महान् हस्तियों से उनकी बाद की पीढ़ी प्रभावित होती रही है, यह मान्य सत्य है। पर उल्लेखनीय यह है कि बाद की पीढ़ी के कलाकार, कवि या लेखक ने उस प्रभाव को किस तरह से आत्मसात करके अपनी गायकी या रचना में उसका समोवश किया, गायक या कवि की ग्राह्य और पाचन शक्ति तथा सृजनात्मक ऊर्जा किस कोटि की है, यह मार्के की बात है। जोशीजी ने अपने समय की विशिष्ट हस्तियों की खूबियों को लेकर अपने साँचे में ढालकर उसे अपना बना लिया, अपने निजत्व की मुहर लगा दी, तो इसमें बुरा क्या है?

यह तो विकास की नैसर्गिक प्रक्रिया है जो चिरन्तन काल से होती रही है। ऐसा करने में न तो उनका अपने घराने से कहीं पलायन दिखता है और न ही उनकी मौलिकता ही विनष्ट होती दिखती है। पर ऐसा वही कर सकता है जिसे पुख़्ता तालीम हो और जिसकी परम्परा की गहरी समझ तथा जिसके घराने की चौखट मज़बूत हो।

भीमसेन अपने समय के कई सङ्गीत कारों से प्रभावित रहे। केसरबाई फ़ैयाज़ ख़ाँ मुश्ताक़ हुसैन ख़ाँ, हाफ़िज़ अली ख़ाँ, मल्लिकार्जुन मंसूर और अमीर ख़ाँ। एकबार उनके किसी प्रशंसक ने कहा–'आपका गाना बेशक अद्भुत और श्रवणीय है, किन्तु अमीर ख़ाँ की गायकी मेरी समझ से परे है।' इसपर भीमसेन जोशी ने हँसते हुए विनोदी स्वर में कहा–'ऐसा है, तो आप मुझे सुनिए और मैं अमीर ख़ाँ साहब को सुनता रहूँगा।'

उस्ताद मुश्ताक़ हुसैन ख़ाँ

उस्ताद हाफिज अली ख़ाँ

आफताबे-मूसीक़ी
उस्ताद फ़ैयाज ख़ाँ

पण्डित मल्लिकार्जुन मंसूर

'सुरश्री' केसरबाई केरकर

उस्ताद अमीर ख़ाँ

कभी किसी ने अमीर ख़ाँ से पूछा कि–'ख़ाँ साहब, आपके बाद की पीढ़ी के गायकों में सबसे बढ़िया कौन गाता है?' तो अमीर ख़ाँ ने बताया कि, 'नसीर अहमद और गुलाम मुस्तफ़ा अच्छे हैं और हिन्दुओं में भीमसेन सबसे उम्दा गाता है।' अमीर ख़ाँ का यह जवाब मुझे कुछ अच्छा नहीं लगा कि..... 'हिन्दुओं में भीमसेन बढ़िया गाता है।' उनके स्तर का गायक गाने–बजाने में हिन्दू-मुसलमान की लक्ष्मण रेखा खींच कर चलते थे, जबकि सङ्गीत की दुनिया में न तो कोई हिन्दू होता है और न ही मुसलमान। सङ्गीत कार जाति, धर्म, सम्प्रदाय आदि के बन्धन से असंपृक्त होता है, क्योंकि सङ्गीत कार की एक ही जाति होती है, इन्सानियत की और एक ही मज़हब होता है, सङ्गीत। एक सङ्गीत ही तो है जो समस्त संकीर्णताओं से परे होता है। उस्ताद अलाउद्दीन ख़ाँ कहा करते थे कि, 'सङ्गीत आमार जाति ओ सुर आमार गोत्र।' अमीर ख़ाँ के तबके के गायक को ऐसा नहीं कहना चाहिए था कि, 'हिन्दुओं में सबसे उम्दा भीमसेन गाता है', ऐसा कहना ओछी मानसिकता व मनोवृत्ति का परिचायक है। आखिर, अमीर ख़ाँ थे तो मीरासियों की बिरादरी के, तो उनकी सोच परिष्कृत कैसे होती? Culture can't be injected.

न जाने क्यों, मुझे अमीर ख़ाँ का गुरु-गम्भीर बने रहना बनावटी लगता था। मुझे लगता है किसी तरह के कॉम्प्लेक्स (Complex) से वह पीड़ित थे। इसलिए उनकी गायकी में भी बनावटीपन की झलक मिलती थी। जिस झूमरे की लय और ताल में वह गाते थे वह पारम्परिक मान्य एवं स्थापित झूमरे से अलहदा था। क्योंकि जितने भी राग और ताल गुणियों ने रचे, जो सदियों से प्रचलित रहे, वे प्राकृतिक नियमों से जुड़े हैं। अमीरखानी झूमरा में प्रकृतिजन्य नैसर्गिक सरसता का अभाव खटकता है। तभी तो तबलानवाज़ उस्ताद अहमदजान थिरकवा चुटकी लेते हुए मज़ाकिया लहज़े में कहते थे कि, 'अमीर ख़ाँ की झूमरे की अतिविलम्बित लय में 'सम' आने से पहले एक मात्रा और दूसरे मात्रा के बीच जो दूरी होती है, उतने समय में मियाँ चाय-बीड़ी कर आते हैं।' कहने का आशय है कि आप राग-ताल-लय जो भी बनाते हैं वह प्राकृतिक (Natural) हो, न कि उसमें कृत्रिमता की बू मिले–प्रकृतिजन्य जो गति है, उसमें लय का बर्ताव करते हुए जब गाते-बजाते हैं तो उसमें सहजता, सरसता और खूबसूरती बनी रहती है।

उस्ताद नत्थन ख़ाँ आगरे वाले अति विलम्बित लय में गाते थे। धीमी लय में झूमरा, तिलवाड़ा, आड़ा चौताल आदि तालों में अस्थाई भरते, जिसमें तबलिया को ठेका रखना मुश्क़िल पड़ता था। उनकी गायकी लयनिष्ठ जटिल थी। पर उनकी विलम्बित लय की प्रस्तुति में सहजता और सरसता होती थी।

इस विलम्बित लय की गायकी के साथ अमीर ख़ाँ की गायकी का कोई

सादृश्य नहीं था। नत्थन ख़ाँ अति विलम्बित झूमरे की लय में अस्थाई–अंतरा यानी 'मुखविलास' का पूरा भराव करते थे। उनके गायन की ख़ासियत थी–पहले बन्दिश की पारम्परिक अदायगी, जिसमें बलपेंच के साथ आहिस्ते-आहिस्ते मुखड़े को खिलाते हुए वह 'सम' पर ऐसे आते थे जैसे कटार की वार गिरी हो। सारङ्गीनवाज़ बुंदू ख़ाँ के हवाले से यह जानकारी मिलती थी। पण्डित मल्लिकार्जुन मंसूर भी नत्थन ख़ाँ की गायकी के क़ायल थे। नत्थन ख़ाँ की गायकी सर्वांगीण तथा रीतसम्मत पर दुष्कर थी। अमीर ख़ाँ की तरह एकांगी नहीं। वह रीत का गाना-बजाना था और अमीर ख़ाँ की गायकी बेसिर-पैर की है। गायकी और रागदारी का एक 'स्ट्रक्चर (Structure)' होना आवश्यक है और स्ट्रक्चर का काम बन्दिश करती है, बन्दिश की आधारशिला पर ख़्याल गायकी की बढ़त-विस्तार होती है। बन्दिश में तोड़-मरोड़ करने पर गायकी की खूबसूरती विनष्ट हो जाती है। बन्दिश की पूरी अदायगी हर गायकी की बेसिक अनिवार्यता है, जिसका पालन हर हालत में करना ही है अन्यथा प्रस्तुति अर्थहीन हो जाती है।

अमीर ख़ाँ तो पूरी अस्थाई–अन्तरा गाते भी नहीं थे, उदाहरणार्थ 'मियाँ मल्हार' की अस्थाई है, 'क़रीम नाम तेरो तू मालिक सत्तार, जबकि वह गाते थे, 'क़रीम नाम ते........'–अब बताइये इससे क्या अर्थ निकलता है? अस्थाई और अन्तरे को तोड़कर गाने का अधिकार किसी भी गायक-गायिका का नहीं बनता। ऐसा करने से अर्थ, भाव और रस की निष्पत्ति नहीं हो सकती। इसलिए अमीर ख़ाँ की गायकी में वो मज़ा नहीं मिलता था, जो पुराने गुणियों की प्रस्तुतियों में मिला करता था।

पर उनकी गायकी की एकमात्र सुन्दरता थी 'सरगम की बढ़त', ऐसा पण्डित दिलीपचन्द्र वेदी कहते थे। पर वेदीजी यह भी कहते थे कि इस तरह की गायकी के लिए तालीम की ज़रूरत नहीं पड़ती। हक़ीक़त भी है कि उस्ताद अमीर ख़ाँ तालीमयाफ़्ता नहीं थे। ख़्याल की तालीम उन्होंने किसी गवैये से हासिल नहीं की थी। 'बहुश्रुत' थे–विभिन्न उस्तादों को सुन-सुन कर अपनी गायकी बनायी थी। जबकि शास्त्रीय सङ्गीत में तालीम की अहम भूमिका है। इस तरह अमीर ख़ाँ की गायकी रीत सम्मत नहीं थी। रेडियो (Radio) से प्रसारित होने वाले अपने प्रथम अखिल भारतीय सङ्गीत कार्यक्रम में उन्होंने छह उस्तादों का नाम लिया था, जिन्हें अपना गुरु बताते हुए कहा था कि इन्हें सुन-सुन कर उन्होंने अपनी गायकी बनायी। ये उस्ताद थे, उस्ताद अब्दुल वहीद ख़ाँ (किराना घराना), उस्ताद रज़ब अली ख़ाँ (किराना घराना), उस्ताद अमान अली ख़ाँ (भिण्डी बाज़ार घराना) उस्ताद नसीरुद्दीन ख़ाँ (डागर घराना), उस्ताद फ़िरोज़ ख़ाँ (पंजाब) और वालिद उस्ताद शाहमीर ख़ाँ, सारङ्गीनवाज़। बाद में जब गवैये के रुप में वह स्थापित हो गये तब केवल अपने वालिद का नाम ही बतौर गुरु लेते थे। ज़ाहिर

है सारंगिया की सन्तान होने की वज़ह से अमीर ख़ाँ भी पहले सारङ्गी बजाते थे।

Evolution of the singing modes of the Indian classical Music पर गम्भीरता से विचार करने पर हम इस निष्कर्ष पर पहुँचते हैं कि ध्रुवपद प्रबन्ध से ख़्याल की उत्पति हुई। यही वज़ह है कि उस्ताद अल्लादिया ख़ाँ कहते थे कि, 'एक अच्छे ख़्याल गायक को कम-से-कम दो-तीन सौ ध्रुपद की बन्दिशें आनी चाहिए।' इस मान्यता के आलोक में हम देखेंगे तो अमीर ख़ाँ की ख़्याल गायकी अधकचरी प्रतीत होती है। इसी कारणवश अमीर ख़ाँ की गायकी पर टिप्पणी करते हुए पण्डित दिलीप चन्द्र वेदी कहते थे कि, 'इसके लिए तालीम की आवश्यकता नहीं पड़ती।'

दरअसल में अमीर ख़ाँ की गायकी उनके शुरुआती दिनों में ऐसी नहीं थी जैसी ऊपर उल्लेख की गयी। पर बाद में उन्होंने अपनी गायकी का स्वरूप ही बदल डाला। हालाँकि भीमसेन जोशी उनकी क़द्र करते थे, पर उनकी गायकी पर अमीर ख़ाँ का कहीं से भी कुछ भी प्रभाव नहीं दिखता।

पाठकों को विषयान्तर लगता होगा, पर प्रसङ्गवश कहीं-कहीं ऐसा करना आवश्यक हो जाता है जिससे लोग प्रामाणिक तथ्यों को जान सकें। किसी की अन्धभक्ति अच्छी नहीं होती, पर गुणगाहकता तो होनी ही चाहिए।

'गुरु बिन ज्ञान कहाँ से पाऊँ, दीजे ज्ञान परम पद पाऊँ,' गुरु की तलाश में

'सवाई गन्धर्व सङ्गीत महोत्सव', पुणें में 'सङ्गीत चूड़ामणि' पण्डित विनायक बुआ पटवर्धन को सम्मानित करती हुई किराना घराने की वरिष्ठ गायिका 'स्वर कोकिला' विदुषी हीराबाई बड़ोदकर। साथ में मंच पर आसीन हैं पण्डित कुमार गन्धर्व।

भीमसेन ने ग्वालियर, खड़गपुर, कलकत्ता, दिल्ली, रामपुर, जालंधर आदि जगहों की यात्रा की। ग्वालियर में वह पण्डित कृष्णराव शंकर पण्डित के विद्यालय में कुछ दिन रहे, पर वहाँ उन्हें सन्तुष्टि नहीं मिली। फिर वह उस्ताद हाफ़िज़ अली ख़ाँ के पास गये। किशोरवय के भीमसेन की सङ्गीत के प्रति दीवानगी, जुनून और सीखने की उत्कण्ठा देखकर हाफ़िज़ अली प्रभावित हुए। उन्होंने पूरिया और मारवा रागों की सूक्ष्म विशेषताओं को दर्शाते हुए उन रागों की प्रकृति और बर्ताव से भीमसेन को भलीभाँति अवगत कराया। इस तरह मारवा और पूरिया इन दो रागों के गुर ख़ाँ साहब से उन्हें हासिल हुए।

इसलिए, 'सवाई गन्धर्व सङ्गीत महोत्सव' में जब अमज़द अली ख़ाँ शिरकत करने गये थे तो उन्हें मंच पर ले जाकर श्रोताओं को यह कहते हुए अमज़द मियाँ का परिचय दिया था कि, 'अमज़द अली ख़ाँ उनके गुरु भाई हैं—इनके वालिद उस्ताद हाफ़िज़ अली ख़ाँ से मैंने रागदारी के गुर हासिल किये', इस तरह से ख़ाँ साहब हाफ़िज़ अली ख़ाँ के प्रति अपना आभार, सम्मान और कृतज्ञभाव भीमसेन ने प्रदर्शित किया था।

जोशीजी इतने उदार थे कि, 'सवाई गन्धर्व सङ्गीत महोत्सव' के मंच पर जाकर गायक-वादकों की तारीफ़ करके उनका मान बढ़ाते थे। इस सन्दर्भ में सुविख्यात सारङ्गीनवाज़ उस्ताद सुल्तान ख़ाँ का उल्लेख करना चाहूँगा। ख़ाँ साहब

सवाई गन्धर्व सङ्गीत महोत्सव, पुणें में अपने गुरुवर्य (सवाई गन्धर्व) को स्वरांजलि चढ़ाते हुए पण्डित भीमसेन जोशी।

जब अपना सोलो वादन समाप्त कर चुके तो श्रोताओं ने 'अलबेला साजन आया' फिल्म में गाये उनके गीत की फ़रमाइश की। सुलतान ख़ाँ ने राग अहीर भैरव में निबद्ध उस गीत को गा-बजाकर सुना दिया। बाद में भीमसेन जोशी स्टेज पर आये और ख़ाँ साहब का हाथ पकड़कर कहा कि—'आपने शास्त्रीय सङ्गीतकारों की नाक ऊंची कर दी, उनका मान बढ़ाया है।' इस पर सुल्तान ख़ाँ ने आभार व्यक्त करते हुए कहा—'आप सरीखे महान् कलाकार के श्रीमुख से यह सुनकर मुझ नाचीज़ का क़द ऊँचा हो गया।' ऐसे गुणगाहक थे, भीमसेन।

ग्वालियर में पण्डित राजा भैया पूँछवाले की सलाह पर वह खड़गपुर गये, जहाँ पण्डित केशव मुकुन्द लुखे जो उन दिनों सङ्गीत के एक कुशल प्रशिक्षक माने जाते थे, के पास जाकर राजा भैया पूँछवाले द्वारा लुखे के नाम प्रेषित पत्र उन्हें दिया। लुखे के पास वह कुछ माह रहे। लेकिन वहाँ उन्हें सन्तुष्टि नहीं मिली। यह जानकर लुखे ने उन्हें पण्डित भीष्मदेव चटर्जी के नाम पत्र देकर कलकत्ता जाने की सलाह दी।

जोशीजी कलकत्ता तो गये पर भीष्मदेव चटर्जी के पास नहीं जाकर वह पहाड़ी सान्याल के पास चले गये। श्री सान्याल 'न्यू थिएटर्स कम्पनी (New Theaters Company)' से जुड़े थे। यहाँ भी भीमसेन को मनचाहा माहौल नहीं मिला। आख़िर लुखे का पत्र और पहाड़ी सान्याल की पैरवी के चलते उन्हें भीष्मदेव चटर्जी से मार्गदर्शन मिलने लगा। लेकिन चटर्जी मोशाय मेगाफोन रिकॉर्डिंग कम्पनी (Megaphone Recording Company) और न्यू थिएटर्स (New Theaters) दोनों से जुड़े रहने के कारण अत्यधिक व्यस्तता के चलते भीमसेन को पर्याप्त समय नहीं दे पाते थे। फलतः भीमसेन उनसे केवल एक ही राग 'गांधारी' सीख पाये जिसकी बन्दिश 'मालनिया अब गूंद लाओ' उन्हें याद थी। भीष्मदेव बाबू ने उनसे न्यू थियेटर्स कम्पनी में नौकरी करने के लिए कहा जो भीमसेन को रास नहीं आया। लिहाज़ा, चटर्जी साहब ने खिन्न होकर उन्हें कुछ रुपये देते हुए घर से निकल जाने के लिए कहा।

यहाँ से निराश भीमसेन दिल्ली उस्ताद चाँद ख़ाँ के पास पहुँचे। पर ख़ाँ साहब से उन्हें मनोनुकूल उत्तर नहीं मिला। क्षुब्ध होकर भीमसेन रामपुर पहुँचे।

तत्कालीन ख़्यालियों में रामपुर दरबार के उस्ताद मुश्ताक़ हुसैन ख़ाँ की बड़ी ख्याति थी। मुश्ताक़ हुसैन की साँस बड़ी लम्बी थी। इसलिए तीन सप्तक में बड़ी सहूलियत से विचरण करते हुए वह तान लेते थे। ख़ासकर तानों में एक अत्यन्त ही जटिल और क्लिष्ट तान जिसे 'सट्टा तान' कहते हैं, उस पर उन्हें असाधारण दख़ल थी। ख़ाँ साहब ध्रुपद, धमार, सादरा, ख़्याल, होरी, तराना, टप्पा, ठुमरी इन सभी गेय विधाओं पर समान अधिकार रखते थे। लेकिन ख़्याल गाने में उन्हें विशेषज्ञता हासिल थी। रामपुर सहसवान घराने के उस्ताद इनायत

हुसैन ख़ाँ के वह शागिर्द और दामाद थे। उस वक़्त के शीर्ष घरानेदार ख़्यालियों में उनकी गणना होती थी।

यों तो ख़ाँ साहब फ़कीर मिज़ाज इन्सान, पर सख़्त क़िस्म के उस्ताद थे। उस्ताद मुश्ताक़ हुसैन ख़ाँ से भीमसेन जोशी विशेष रूप से प्रभावित थे, क्योंकि अपने को वह एक बेहतरीन ख़्यालिया बनाना चाहते थे। उस्ताद के सान्निध्य में कुल छह माह ही वह रह पाये। इस दौरान उन्हें केवल एक ही राग 'नट मल्हार' सीखने को मिला।

सात्विक वृत्ति के आहार-विहार वाले एक नैष्ठिक ब्राह्मण परिवार में जन्म लेने के कारण भीमसेन के संस्कार भी तदनुरूप थे। पर सङ्गीत उसमें भी ख़्याल गायकी में निपुणता प्राप्त करने के लिए वह कुछ भी करने को तत्पर रहते थे। इसलिए ख़ाँ साहब के यहाँ बतौर चाकर रहे, यहाँ तक कि बाज़ार से गोश्त खरीद कर लाना, उससे काटना-धोना और पकाना भी उन्हें पड़ता था, इसी वज़ह से अन्ततः उन्हें रामपुर भी छोड़ना पड़ा। नियति का खेल कौन समझ सकता है?

सङ्गीत में पटुता हासिल करने की अतृप्त पिपासा उन्हें अनेक गुणियों के पास ले गयी। जहाँ उन्हें घोर यातना झेलनी पड़ी और पापड़ बेलने पड़े। गुरुमुखी विद्या की विशेषताएँ हैं तो उसमें प्रतारणाएँ भी कम नहीं हैं। यह विद्या ऐसी है कि इस पर पूर्णतया गुरु का एकाधिकार यानी वर्चस्व होता है। इसका कोई विकल्प नहीं है। इसलिए गुरुकुल की वे सारी शर्तें माननी और झेलनी पड़ती थीं। ज्ञान की तृप्ति के लिए भीमसेन को क्या-क्या ज़हमतें न उठानी पड़ीं। पर बावजूद अड़चनों के, लक्ष्य की परिपूर्ति के लिए वह दृढ़ प्रतिज्ञ रहे। वह अपनी मधुकरी वृत्ति के चलते मधुमक्खियों की तरह विभिन्न घरानों के पुष्पपरागों का संचय करते रहे और अपने स्वरमाल में एकत्रित पुष्प परागों के सुवासित रस को घुलाते रहे। इसलिए उनकी गायकी में भिन्न-भिन्न घरानों की गायकी का सुवास जहाँ-तहाँ मिलता रहता था। पर इससे अपने घराने यानी किराना घराने की मौलिकता पर लेशमात्र भी आँच नहीं आने दी। किराना गायकी के बेसिक स्ट्रक्चर (Basic Structure) पर दूसरे घराने की खुसूसियत रूपी बेलबूटों की इस तरह से उन्होंने क़शीदाकारी की कि उससे उनकी सधी हुई क़ारीगरी का सहज ही प्रमाण मिलता था। भीमसेन की ग्राह्य और पाचन शक्ति महाभारत के भीम की तरह अद्भुत और असाधारण थी। साधना की तपस में तिल-तिल कर जलते हुए तपकर एक खास तरह की सिद्धि की चमक से उनकी गायकी दमकती रहती थी। ज़िन्दगी गुलाबों की सेज़ नहीं होती, यह भीमसेन समझते थे। उनकी पूरी ज़िन्दगानी संघर्ष की एक लोमहर्षक एवं प्रेरक गाथा है। सच है, मंज़िल को हासिल करने की तड़प ओ लगन, जुनून एवं दीवानगी की हद, अदम्य साहस और जूझने की ताकत देती है और तब उस शख़्स का जुझारूपन

ही तो उसे मुक़ाम पर पहुँचाता है।

An ideal life style of Bhimsen Joshi followed the age old traditional path of the precursors of the Kirana Khayal Gayaki and thus he proved himself a true scion of the founder of the Gharana.

गुरु की तलाश और किराना घराने के सही उत्तराधिकारी साबित करने में उन्हें कितने उस्तादों के दरवाज़े खटखटाने पड़े और दर्द उठाना पड़ा उसका ब्योरा कुछ तो दिया गया और कुछ आगे उल्लिखित प्रसङ्गों में मिलेगा।

कलकत्ता के ख्यातनाम सङ्गीतज्ञ पण्डित ज्ञानप्रकाश घोष के डिक्सन लेन (Diction Lane) स्थित निवास पर आये दिन सङ्गीत की मज़लिसें जमती थीं। बहुत अरसा पहले अपने साङ्गीतिक जीवन के शुरुआती दिनों में ऐसी ही एक गोष्ठी में भीमसेन जोशी का गायन हुआ। उक्त महफ़िल में सङ्गीत रसिक पहाड़ी सान्याल भी थे। जोशीजी ने राग 'छाया' में ख़्याल सुनाया था। गायन की समाप्ति पर पहाड़ी सान्याल ने पूछा कि—'भीमसेनजी! यह कौन-सा राग आपने सुनाया?' 'जी इसे 'छाया' कहकर हमने सीखा', भीमसेन जोशी ने प्रत्युत्तर में कहा। सान्याल मोशाय को सन्देह इसलिए हुआ कि आरोह में जोशीजी 'शुद्ध निषाद' पर खड़े हुए थे। पहाड़ी सान्याल को विस्मित देखकर, उनका चरण स्पर्श करते हुए भीमसेन ने कहा—'आपने मुझे पहचाना नहीं। मैं भीमसेन जोशी हूँ जो

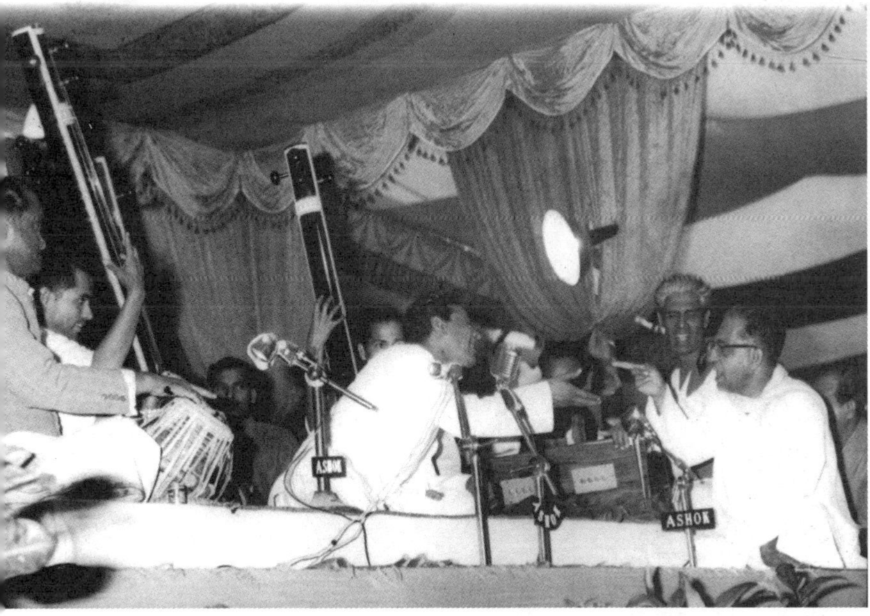

एक सङ्गीत समारोह में पण्डित भीमसेन जोशी प्रस्तुति मुद्रा में। दाद देते हुए सुप्रसिद्ध गायक पण्डित वसन्तराव देशपाण्डे, तबले पर उस्ताद शेख दाऊद, और हारमोनियम सङ्गीत कर रहे हैं, पण्डित ठाकुरदास।

राजा वसंतराय रोड स्थित आपके आवास पर कभी रहता और चाकरी करता था।' भीमसेन कितने सरल और निश्छल स्वभाव के थे कि उन्हें ऐसा कहकर अपना परिचय देने में ज़रा भी संकोच नहीं हुआ।

कलकत्ते में ही पण्डित कुमार मुखर्जी के निवास पर जोशीजी की महफ़िल जमी थी। उस दिन ज़ोर देकर उनसे शंकरा, केदार और विहाग सुना गया। तानपूरे पर कुमार मुखर्जी स्वयं और रवि किचलू थे। तबला पर संगत करने वाला कोई नहीं था कि इतने में हाफ पैंट और शर्ट पहने अमज़द अली वहाँ पहुँचे। उन्होंने तबला पकड़कर संगत करने की ख़्वाहिश ज़ाहिर की। संयोग से ज्ञान प्रकाश घोष और विष्णु गोविन्द जोग भी वहाँ पहुँच गये। फिर क्या था, 'सोने पे सुहागा'। भीमसेन ने बड़ी तन्मयता से डूबकर गाया। यह उनकी उस वक़्त की महफ़िल थी जब उनके यश की ख़ुशबू फैली नहीं थी।

भीमसेन जोशी के गुरुवर्य पण्डित सवाई गन्धर्व।

भीमसेनजी के कथनानुसार सन् 1946 ई. में उनके गुरुवर्य पण्डित सवाई गन्धर्व की 60वीं वर्षगाँठ पर पुणें में आयोजित एक सङ्गीत जलसा में उनके गाये अभूतपूर्व 'मियाँ मल्हार' के ख़्याल से उन्हें गुणियों और रसिकों में प्रतिष्ठा मिली और वहीं से एक निष्णात ख़्याल गायक के रूप में उनकी शोहरत की ख़ुशबू दिगूदिगन्त में फैल गयी।

उक्त जलसे में अप्रत्याशित रूप से अन्य घराने के भी गवैये आये थे। वे किराना घराने के सर्वमान्य प्रतिनिधि गायक, यों कहिये उस्ताद अब्दुल क़रीम ख़ाँ के पट्ट शिष्य एवं घराने के खलीफ़ा पण्डित रामभाऊ कुन्दगोलकर उर्फ़ सवाई गन्धर्व के प्रति उनके 60वें जन्मदिन पर श्रद्धा और सम्मान प्रदर्शित करने आये थे। उस समय सवाई गन्धर्व मौत से जूझ रहे थे। गम्भीर रूप से अस्वस्थता के बावजूद अपने प्रिय शिष्य द्वारा 'मियाँ मल्हार' की भावप्रवण असरदार प्रस्तुति से प्रसन्न होकर गुरु उस हालत में भी स्नेहाशीष देने मंच पर उपस्थित हुए और भीमसेन के माथे पर हाथ रखते हुए उनकी भूरि-भूरि सराहना की। कहने का तात्पर्य यह है कि घराने के खलीफ़ा के रूप में गुरु समेत उपस्थित गुणियों ने भीमसेन को मान्यता प्रदान की। यह भीमसेन जोशी के उज्ज्वल भविष्य को रेखांकित कर गया।

जोशीजी ने दूसरे घराने की 'चीज़ बन्दिशें' भी गायी जैसे पंजाब के घराने में प्रचलित 'गौड़ सारङ्ग' की चीज़ 'पिया नज़र नहीं आबन्दा', राग 'दुर्गा' की बन्दिश 'तू रसिकन रे..' (अतरौली-जयपुर घराने की केसरबाई इसे खूब गाती थीं (रिकार्ड भी भरवायी) भीमसेन जोशी ने भी एल.पी. रिकार्ड में गाया। 'मारू बिहाग' में इनायत हुसैन ख़ाँ (सहसवान रामपुर घराना) द्वारा 'इनायत पिया' तखल्लुस से रची बन्दिश 'तड़पत दिन रैन...' जिसका जोशीजी ने लांग प्ले डिस्क (Long Play disc) बनवाया, इत्यादि।

ऐसा करने वाले वह एकल गायक नहीं हुए बल्कि अन्य घराने के गवैये भी, जैसे पटियाला घराना के बड़े गुलाम अली ख़ाँ ने अतरौली वाले उस्ताद मेहबूब ख़ाँ, 'दरस पिया' की राग देश में निबद्ध बन्दिश की ठुमरी 'काहे को छलबलिया करत पैयाँ परत मैं तोसे' को अपने स्वरों में रिकार्ड (78 r.p.m.) भरवाया जिसे मेरे बैठकखाने में राजन-साजन मिश्र ने लगातार पन्द्रह बार सुना और माथा धुनते और कहते रहे कि, 'काश! हमारे गले में भी यह अन्दाज़ पैदा हो जाता।'

मैंने राजन से कहा कि, 'यह अन्दाज़ तेरे गले में कैसे आयेगा? तू गाता है अमीर ख़ाँ साहब और बड़े गुलाम अली ख़ाँ साहब की गायकी और कहता है कि, 'हम बनारस घराना के प्रतिनिधि गायक हैं।' जब इन बड़ी हस्तियों की नकल करता है तो स्टेज पर उनके नाम क्यों नहीं लेता? किसी भी बड़े गायक

की गायकी की खुशबू तेरी प्रस्तुति में तभी आयगी जब दिल से तुम उनके प्रति श्रद्धानत् रहोगे अन्यथा माथा धुन कर नौटंकी करने से कहीं उनकी खुसूसियत का रंग तेरी गायकी में कभी आ सकता है? कभी नहीं।' यह जो गाने-बजाने वाले (खासकर कथक-मल्लिकों) के दिलोदिमाग़ में मिथ्या अहंकार की गाँठ पड़ी होती है उससे नहीं उबरने पर उनकी प्रस्तुतियों में रूहानी खुशबू नहीं आ सकती। जिसकी चीज़ हम लेते हैं—जिसका अनुकरण करते हैं उसके प्रति दिल से एहसानमंद होना वांछनीय है। तभी ली हुई चीज़ फलती है। यह तो सरासर धृष्टता कही जायगी कि किसी की चीज़ लेकर इस्तेमाल करते हैं, फिर उसका नाम तक नहीं लेते—उनकी जगह अपने बाप-दादा का नाम लेते हैं। मैं जानता हूँ, राजन को मेरी ये बातें अच्छी नहीं लगेंगी, पर मैंने जो कुछ कहा, एक शुभचिन्तक के नाते ही कहा। सत्य कड़वा होता है। किन्तु जो सत्य को स्वीकार कर लेता है तो उसकी मनोवांछित मुराद पूरी हो जाती है।

इस मामले में भीमसेन जोशी बड़े ईमानदार रहे। जिनसे जो भी चीज़ें उन्होंने ली उनका वह आभारी रहे।

हाँ, तो मैं दूसरे घराने की चीज़ गाने के विषय में चर्चा कर रहा था। ऐसा करके उन गवैयों ने अपने घराने से पलायन नहीं किया अपितु अपने घराने के दायरे को विस्तार दिया। घराना और परम्परा परिष्कार और उत्कृष्टता के द्योतक हैं। भीमसेन जोशी ने अपने घराने से कहीं भी कभी भी मुँह नहीं मोड़ा। गाना-बजाना तो एक गुलदस्ता की तरह है—सुरों और बन्दिशों का गुलदस्ता। वही कलाकार महानता के शिखर को छूने में सफलता प्राप्त करता है जिसे गुलदस्ता तैयार करने और सजाने की कला में महारत हासिल है। बाग़ में तरह-तरह के फूल होते हैं जिनमें से चुन-चुन कर फूलों के गुलदस्ते तैयार करता है, माली। गुलदस्ता सजाने की क़ारीगरी से ही माली की पहचान बनती है।

भीमसेन जोशी की गायकी में ग्वालियर, अतरौली-जयपुर, आगरा और पटियाला घराने की गायकियों की खुसूसियत ऐसी रची-बसी होती थी कि सुनकर मानना पड़ता था कि उनकी मेधा, सोच, कल्पना और रचनात्मकता परले दर्ज़े की थी—खासकर दुत लय की प्रस्तुतियों में उन घरानों की खूबियों का अभिनव मिश्रण जैसे सपाट (पटियाला घराना) और लय के प्रमाण के साथ तानकारी (अतरौली-जयपुर घराना) एवं 'चीज़' की अदाकारी (आगरा घराना) उनकी गायकी को वैशिष्ट्यपूर्ण रोचकता के पुट और अतिरिक्त आकर्षण से भर देता था।

किराना घराना में गौहरजान कलकत्ते वाली ऐसी गायिका हो गयी जिसकी 'सपाट तान' मशहूर थी। वैसी सपाट मैंने किसी अन्य घराने के सङ्गीतकारों से नहीं सुनी। गौहरजान को मैंने रिकार्डों में ही सुना, क्योंकि मेरे जन्म से पहले ही वह इस दुनिया से कूच कर गयीं।

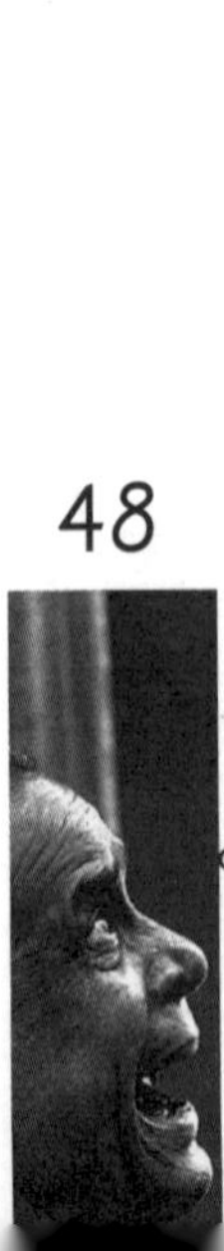

भीमसेन की प्रस्तुतियों में इतने सारे घरानों की खूबियों की झलक उनकी Versatility का दस्तावेज़ पेश करती है। 'यहाँ का तीर वहाँ का तुक्का' लगाने को 'नवाचार' नहीं कहा जा सकता। उसी नवाचार को गुणीजन स्वीकार करके मान्यता प्रदान करते हैं जो रीत सम्मत होता है।

भीमसेन जोशी और पुरानी पीढ़ी के अन्य कलाकारों ने कोई प्रयोग नहीं किये न राग और ताल बनाये यहाँ तक कि बन्दिश भी नयी नहीं रची—सदियों से पारम्परिक रूप से जो राग प्रचलित हैं उन्हें ही गाया। क्या बात है उन रागों की प्रस्तुति से सुनने वाले नहीं ऊबे, बल्कि बड़े चाव से सुना, तो आखिर क्या बात है कि उन प्रस्तुतियों में नाविन्य और आकर्षण बरक़रार रहा? रागों को पेश करने का कलाकार का ढंग और अंदाज़ेबयाँ आकर्षण का कारण है। यह तो गायक-गायक पर निर्भर करता है कि एक गायक स्वर लगाते ही श्रोताओं को अपनी ओर खींच लेता है और एक गायक घंटो गाता रहता है, पर बेअसर। नये प्रयोग और ईज़ाद के नाम पर सच कहिए तो भीमसेन जोशी ने कुछ नहीं किया (केवल एक राग 'कलाश्री' को छोड़ कर)। किन्तु उन्होंने एक कुशल भौंरा और मधुमक्खी की तरह विभिन्न घरानों की गायकी की खास-खास खूबियों का संचयन और समन्वयन कर अपने स्वरमाल में इस तरह से पिरोया कि सुरों की वह माला न तो कभी सूखी और न म्लान हुई और गाहे-बगाहे अगरचे मुरझायी दिखी भी तो उसमें निहित खुशबू कभी कम नहीं हुई, क्योंकि मौलश्री के फूल की तरह सूख कर भी खुशबू से तर रही—वह तो 'रूहानी खुशबू' है जो न कभी फीकी पड़ती और न कभी घटती-मिटती है, यह गुण विशेष ही भीमसेन की लोकप्रियता का राज है जो क्या आम और क्या खास (पारखी विशेषज्ञ) सभी वर्ग के श्रोताओं को लुभाता रहा। यह विलक्षण और विरल 'गुण विशेष' भीमसेन का अपना अरजा हुआ था। नवोन्मेष, प्रयोग, फ़्यूजन, रीमिक्स और सस्ती लोकप्रियता तथा पैसे और प्रोग्राम के लिए तथाकथित आज के बड़े गायक-वादक आये दिन जिस तरह से शास्त्रीय सङ्गीत के मौलिक और पारम्परिक स्वरूप से खिलवाड़ करने से बाज नहीं आते और शास्त्रीयता को ताख पे रख कर गुणवत्ता तथा स्तरीयता की परवाह नहीं करके उसे घटाते जा रहे हैं। ऐसे दिग्भ्रमित सङ्गीतकारों के लिए भीमसेन जोशी का असमझौतावादी दृष्टिकोण 'eye opener' का काम करता रहेगा।

संचयन और समन्वयन में भीमसेन ऐसे पटु थे कि कोई नहीं कह सकता कि शहद में कौन-कौन से पुष्प का रस है। जरा देखिए तो उनकी निश्छलता जब वह कहते थे कि, 'हाँ मैंने चुराया है, मैं परले दर्ज़े का चोर हूँ। पर कोई नहीं बता सकता कि मेरी गायकी में किस घराने और किसकी चीज़ चुरा कर ली गयी है? सङ्गीत का वह चोर कितना भोलाभाला, सीधा सपाटा, निर्मल, ढीठ

और स्वच्छ निष्कपट हृदय का था। इसलिए उसकी पैठ और पहुँच इतनी गहरी थी कि उसकी थाह और ओर-छोर कोई भी नहीं आँक सका—वह तो 'हरि अनन्त हरिकथा अनन्ता' की तरह है जिसका गुणगान भीमसेन रागों में, बन्दिशों में, गायकी में किया करते थे। परन्तु उन तमाम सङ्गीतकारों के प्रति वह विनत कृतज्ञ भाव से श्रद्धावान रहे।

दूसरे शब्दों में यदि हम उन्हें सङ्गीत का 'माखनचोर' कहें तो असंगत नहीं होगा। उन्होंने विभिन्न घरानों के सङ्गीत का निचोड़ यानी मक्खन लिया जिसे पिघला कर अपने देसी घी की गायकी में घोल लिया। इस तरह कि किस ग्वाला-ग्वालिन के मटके का नवनीत है कोई नहीं बता सकता। इस तरह वह श्रीकृष्ण की तरह एक माहिर माखनचोर थे।

दूसरों की चीज़ लेकर अपने साँचे में ढालने की हुनर और सिफ़त उसी कलाकार को हासिल हो सकती है जिसे घराने की पुख़्ता तालीम मिली हो और परम्परा का पूरा गहरा ज्ञान हो—जिसकी घरानेदार गायकी की चौखट इतनी मज़बूत हो अन्यथा वह चरमरा कर बिखर जायेगी। पुख़्ता तालीम के साथ सोच, चिन्तन, सृजनशीलता और अटूट रियाज़ जुड़ते हैं तो फिर तो उस गुल का रंग चोखा और उसकी महक के क्या कहने। हर दिशा में उसकी सुगन्ध फैल कर छा जाती है। पर यह सब कुछ अटूट संयम और असीम धैर्य से प्राप्त होता है। भीमसेन में यह गुण कूट-कूट कर भरा था।

भीमसेन की साधना एक ऐसे साधक की थी जिसकी गाते-गाते समाधि लग जाती थी—मैंने स्वयं कई बार देखा कि गाने के दौरान उन्हें होश ही नहीं रहता था कि उनका पाजामा कब गीला हो गया—ऐसा होना एक साधक की परम और चरम स्थिति होती है—'पातंजल योग सूत्र-समाधि सूत्र' में कहा गया है, 'विषयवती प्रवृत्ति-उत्पन्ना मनसः स्थिति निबन्धिनी' अर्थात दिव्य विषयों में प्रवृत्ति उत्पन्न हो जाने से चित्त में स्थिरता-एकाग्रता होती है और अष्टाङ्ग योग में अन्तरंग यानी 'धारणा, ध्यान और समाधि' यह योग की स्थिति भीमसेन की गाते-गाते हो जाती थी। एकनिष्ठ साधना सुदृढ़ नींव की तरह होती है जिस पर गायक अपनी गायकी का भव्य महल खड़ा करता है।

इस वास्तविकता से अनभिज्ञ-अबूझे लोग उन पर ख़्वामख़ाह इल्ज़ाम लगाते थे कि, भीमसेन जोशी पियक्कड़ थे—नशे में बुत रहने के कारण ही पाज़ामा गीला कर देते थे। ऐसे नासमझों से मैं पूछना चाहूँगा कि, 'यदि ऐसी बात थी तो अपनी प्रस्तुतियों में कहीं भी वह बहकते क्यों नहीं थे?'

भीमसेन गले से नहीं, पूरे अस्तित्व से गाते थे—हवा में विचित्र आकृतियाँ उकेरते हाथ लहराते, सिर और गर्दन हिलाते द्रुत तान प्रारम्भ करने से पूर्व मुखड़ा लगभग ज़मीन पर ले जाते और फिर भावनावेगपूर्ण तान के साथ सिर और

गर्दन उठता और ऐसा लगता कि धरती और आकाश उस द्रुत तान की ध्वनि से गुंजायमान हो गये हों। इस तरह गाते वक़्त लगता कि उनके अङ्ग-प्रत्यङ्ग भी मानो साथ-साथ गा रहे हैं। स्वरों के साथ शारीरिक भङ्गिमाओं के सम्मिलन से सङ्गीत के भावों के एक भावपूर्ण स्वप्निल लोक का सृजन भीमसेन करते थे जिसमें श्रोता मगन हो विचरते रहते थे—यही एक सिद्ध योगी-साधक के लक्षण हैं।

साङ्गीतिक प्रस्तुतियों के दौरान प्रस्तोता की मुखाकृति और मुद्रा-भाव-भङ्गिमाएँ लुभावनी होनी चाहिए। शास्त्रकारों ने 'शुद्ध मुद्रा शुद्ध वाणी' की चर्चा की है। यह आवश्यक भी है कि जब गायक प्रस्तुति दे रहा होता है तो उसे प्रसन्नचित्त दिखना चाहिए। यद्यपि भीमसेन की प्रस्तुति अत्यन्त ही रसार्द्र और भावानुकूल होती थी, किन्तु गाते समय वह धीर-गम्भीर बने रहते थे। प्रस्तुतियों के दौरान मैंने कभी भी उन्हें मुस्कुराते या हँसमुख नहीं देखा। इसे दोष कहिए तो यह कमी तो उनमें थी। पर प्रस्तुतियाँ उनकी ऐसी होती थीं कि सुनने वालों को सुरसरिता में बहा ले जाती थीं—अत्यन्त ही भावप्रवण, रसार्द्र और असरदार। जानकार और समझदार रसिक सुनकारों को उनकी अज़ीबोगरीब मुद्राएँ और हावभाव अखरते नहीं थे, पर आम श्रोता, प्रस्तोता के हावभाव, मुद्राएँ और वेशभूषा-परिधान आदि भी देखते हैं। आज के फ़नकार इस मामले में कुछ ज़्यादे ही सजग दिखते हैं। इसलिए उनके कम असरदार या नीरस गायन-वादन की कमियों की परिपूर्ति ग्लैमर से, उनके मेकअप और परिधान तथा गले में तरह-तरह के मनके-मोतियों की मालाओं द्वारा भरसक हो जाती है, ऐसा वे समझते हैं। दरअसल में आज का गाना-बजाना श्रवणीय कम दर्शनीय अधिक हो गया है, गोया कि सङ्गीत निष्पादन कला (performing art) न होकर चाक्षुष कला (visual art) हो।

सङ्गीत को विजुअल आर्ट बनाने वाली सोच दिन-ब-दिन बढ़ती ही जा रही है। ऐसे में एकबार जोशीजी और मक़बूल फ़िदा हुसैन (चित्रकार) की युगलबन्दी करायी गयी थी जिसमें भीमसेन जी की प्रस्तुतियों पर हुसैन ने अपनी कूची का कमाल दिखाया था। कहाँ तक यह युगलबन्दी सफल रही, इसे तो मॉडर्न आर्ट के मर्मज्ञ और समीक्षक ही बता सकते हैं? मेरे सरीखे भावक के लिए यह बेहूदी हरक़त ही कही जायेगी। हाँ, मध्यकाल में चित्रकारी के विभिन्न क़लमों द्वारा 'रागमाला पेन्टिंग' की सृष्टि की गयी—रागों के ध्यान श्लोक बनाये गये जिसके आधार पर चित्रकारी की गयी। पर यह सोच आधुनिक चित्रकला में नहीं देखी जाती जिसके मूर्धन्य चित्रकार मक़बूल फ़िदा हुसैन थे। सङ्गीतकार और चित्रकार की युगलबन्दी किसी हद तक तभी सफल हो सकती है जब चित्रकार को सुर, राग, लय, ताल की गहरी जानकारी हो।

मैंने कभी बाई बड़ी मोती बाई से वर्तमान दौर के गाने-बजाने वालों की प्रस्तुतियों के विषय में उनका मंतव्य जानना चाहा था। तो बड़े बेबाकपन से

उन्होंने कहा था, 'भइया! पहले का गाना-बजाना थोड़ा होत रहे, पर दिल पर चोट करत रहे। आज घंटों गावऽ बजावऽ झमेला ही झमेला हऽऽ।' सच है, आज के गाने-बजाने का यही हाल है कि दिल की सरज़मीं से सुर छिटक जाते हैं और लय बिखर कर रह जाती है—बिल्कुल बेअसर-सारहीन।

जोशीजी मॉडर्न ग्लैमर (Modern Glamour) की चकाचौंध से परहेज़ रखते थे—दिखावा-तामझाम उनमें लेशमात्र भी नहीं था—गुणियों की पहचान के ये लक्षण हैं। इसलिए मेरे विचार से अगरचे उनमें मुद्रा दोष था तो उनकी तगड़ी और बेहद असरदार पेशक़शों के सामने वह गौण हो जाता था।

ऐसे लोग जो उनके मुद्रा दोष की आलोचना-टीका-टिप्पणी किया करते थे, उन्हें मुँहतोड़ जवाब देते हुए वह कहते कि, 'श्रोता मुझे सुनने आते हैं, देखने नहीं। यदि उन्हें मुझे सुनकर आनन्द नहीं मिलता है तो मेरे श्रोताओं की तादाद इतनी बड़ी नहीं होती।' कितना आत्म विश्वास था उन्हें अपने गान कौशल पर। मल्लिकार्जुन मंसूर की तरह वह श्रोताओं के पास नहीं बल्कि बड़ी संख्या में श्रोता उनकी तरफ़ आते थे। वह जो गाते थे वही गाते रहे—श्रोताओं से कभी भी समझौता नहीं किया। और श्रोता हैं कि उन्हें सुनने के लिए मचलते रहते थे—तरस जाते थे।

इस सन्दर्भ में एक रोचक प्रसङ्ग प्रस्तुत है। रीवां नरेश के यहाँ एक विवाहोत्सव की महफ़िल में उस ज़माने की सरनाम फ़नकारा जानकी बाई 'छप्पन छुरी' को गाने के लिए बुलाया गया था। जानकी बाई शक़्लोसूरत से साधारण थी—मामूली नाक-नक़्श, काला रंग, चेहरे एवं बदन पर छप्पन ज़ख्मों के भद्दे दाग़—कहीं से भी खूबसूरत नहीं। पर आवाज़ उनकी रस-माधुर्य से भरी थी।

महफ़िल में अपनी प्रस्तुति देने के लिए वह पेशवाज़ वगैरह पहन रही थीं कि राज परिवार के किसी सदस्य को उनका दीदार हो गया। उसने महाराजा को गायिका की शक़्लो-सूरत के बारे में बता दिया। इस पर महाराजा ने दीवान बहादुर को बुला कर दूसरी गायिका की व्यवस्था करने के लिए आदेश दिया। पर जानकी बाई कोई साधारण तबक़े की गायिका नहीं थी—उन्होंने कच्ची गोलियाँ नहीं खेली थीं—मुल्क़ की नामचीन कलावंत तवायफ़ों में उनकी गणना होती थी। लिहाज़ा, जानकी बाई ने दीवान साहब को बताया कि, 'दूसरी तवायफ़ महफ़िल में तभी शिरकत कर सकती है जब उसे पर्दे की ओट में गाने की इजाज़त दी जाये।' रीवां नरेश ने शर्त कुबूल कर ली। दूसरी गायिका कोई और नहीं खुद जानकी बाई ही थीं। पर्दे के पीछे बैठकर उन्होंने गाना प्रारम्भ किया, 'हथवा लगत कुम्हलाई हो रामा जूही की कलियाँ'—इस चैती की टेक भरते ही समां बँध गयी—उनकी आवाज़ बताशा थी—मिश्री की डलिया घुली हुई उस बेहद असरदार स्वरमाधुरी ने महाराजा समेत सभी सुनने वालों को मदहोश कर दिया—सभी

सुधबुध खोकर होश गँवा बैठे।

महफ़िल ख़त्म होते ही रीवां नरेश ने गायिका से मिलने की ख़्वाहिश ज़ाहिर की। हाथ जोड़ कर कोर्निश बजाती हुई जानकी बाई पर्दा हटा कर महाराजा के सामने हाज़िर हुईं। जानकी बाई को देखकर महाराजा पानी-पानी शर्मसार हुए। जानकी बाई ने बाअदब कहा, 'हुजूर, गुस्ताखी मुआफ़ हो, महफ़िल में फ़तह सूरत की नहीं सीरत की होती है।' यह सुनकर महाराजा गद्गद हो अपने गले से बेशक़ीमती रत्नजड़ित हार निकाल कर उस बेमिसाल कलावंत फ़नकारा के गले में डालते हुए कहा, 'सुभान अल्लाह! बाई तेरे फ़न का जवाब नहीं, तू बेमिसाल है।'

कलाकार की भाव प्रवण रससिक्त प्रस्तुति ही उसका आभूषण है। कलाकार का आभूषण उसका स्वरूप नहीं बल्कि गुण होता है। तभी तो किसी महफ़िल में हीरे-जवाहरात से पोर-पोर लदी दरभंगा महाराजा की चहेती तवायफ़ बेनज़ीर बाई को शिक़स्त देती हुई कलकत्ते वाली गौहरजान ने ताना मारते हुए कहा था, 'बेनज़ीर महफ़िल में हुनर चमकता है, हीरे नहीं, वो तो पलंग पर चमकते हैं।' गौरतलब है कि भीमसेन के मुखमंडल पर उनकी अखण्ड साधना जनित जोत सदैव चमकती-दमकती रहती थी। वैसे भी बुजुर्गों ने फ़रमाया है कि काम

अखिल भारतीय सङ्गीत समारोह, मुज़फ़्फ़रपुर (बिहार) में शिरकत करते हुए पण्डित भीमसेन जोशी—सारङ्गी पर साथ-संगत पण्डित गोपाल मिश्र और तबले पर संगति करते हुए पण्डित महापुरुष मिश्र।

सौजन्य : गजेन्द्र नारायण सिंह।

प्यारा होता है, चाम नहीं।'

विनायक बुआ पटवर्धन कहा करते थे कि, 'भीमसेन, हम गवैयों की शान है। यदि उसे पीने की लत न होती तो और भी बेहतर गाता।' यदाकदा बुआ साहब से जोशीजी को इस बात के लिए फटकार भी मिलती रहती थी। मुझे सन् 1967 ई. में मुजफ़्फ़रपुर में आयोजित अखिल भारतीय सङ्गीत सम्मेलन की याद आ रही है जिसकी प्रातःकालीन सभा में भीमसेन जोशी का गायन था। कोई दस बजे वह स्टेज पर आये। सामने सोफा पर बैठे पटवर्धनजी को देखते ही वह तुरत मंच से नीचे उतर कर उनके पास आये और झुक कर चरण स्पर्श किया—पीए हुए तो थे ही, मुख से शराब की गन्ध आ रही थी—बुआ साहब ने रोष प्रकट करते हुए कहा, 'तूने पीना नहीं छोड़ा'—जोशीजी ने कान पकड़ते सकुचाते हुए दबी जुबान में कहा, 'जब से आपने मना किया मैंने पीना तौबा कर दिया'—हाथ में लिए पनडब्बा दिखाते हुए बोले, 'अब केवल पान खा लेता हूँ।' बुआ साहब ने गम्भीर होकर कहा, 'अच्छा-अच्छा जा समय हो गया है जाकर गा।' बुआ साहब की तल्ख आवाज़ और जोशीजी के निरीह कातर स्वर—दोनों की बातचीत सुनकर बगल में बैठा मुझे जोरों से हँसी छूट रही थी पर मुँह पर रूमाल रखकर किसी तरह अपने को संयत रखा।

नशे की हालत में भी भीमसेन बला की गाते थे—गाते वक़्त गज़ब ढाते थे—गाने में कहीं भी वह बहकते नहीं थे—ऊपर वाले मौला की नेमत और घराने के बुज़ुर्गों की अनुकम्पा थी उन पर, क्योंकि दिल में कहीं काला नहीं था—चौबीसों घंटे हर पल वह सुर और लय में ही डूबे रहते थे। 'मियाँ की तोड़ी' में 'लंगर का करिये जिन मारो...' बन्दिश की अस्थाई का ऐसा खूबसूरत भराव किया। आहिस्ते-आहिस्ते बहलावे करके बढ़त की ओर महताबी तानों की ऐसी झड़ी लगा दी कि सुनने वाले बाग़-बाग़ थे। बीच-बीच में एकाधबार बुआ साहब के मुँह से भी अनायास 'फार चांगला बहुत खूब' तारीफ़ के स्वर निकल कर रह गये थे।

गाना ख़त्म होने पर मेरी ओर मुखातिब होकर विनायक बुआ ने कहा, 'देखा गजेन्द्र, उसे पता नहीं कि उसे क्या बद्दुआ लग गयी है, पीने की। नहीं पिये होता तो और भी उम्दा गाता।' बुआ साहब को भीमसेन की बड़ी फ़िकर रहती थी। क्योंकि उनकी नज़र में वह एक बेहतरीन गवैया थे। भीमसेन भी पटवर्धनजी की तहेदिल से क़द्र करते थे। मरते दम तक कहते रहे कि, 'यदि विनायक बुआ नहीं मिलते तो मैं दर-दर भटकता, ठोकरें खाता ही रह जाता। गणेश (विनायक) जी ने मेरा बेड़ा पार लगा दिया।' कलियुग में इस तरह का स्नेह और कृतज्ञ भाव (बुआ साहब और भीमसेन का) बड़ा मायने रखता है। यह ऐसी मिसाल है जिससे इन्सान को नेकी और भलमनसाहत का सबक़ मिलता है।

क्योंकि आज की भौतिकता के ज़माने में काम बना कि चलते बने, फिर कौन किसको पूछता है और याद रखता है। मेरे साथ ही ऐसा हुआ है। मैंने जिन कलाकारों को आगे बढ़ाने का काम किया उनमें से एकाध को छोड़कर बाकी सभी एहसानफ़रामोश निकले। जोशीजी को महान गायकों की कोटि में ला खड़ा करने में उनका विनम्र कृतज्ञ-भाव भी था। जो विरल था—वह न केवल चोटी के गायक थे बल्कि इन्सान भी उतने ही आला दर्ज़े के थे—उनके व्यक्तित्व का यह उज्ज्वल पक्ष था।

कलकत्ते के पण्डित चिन्मय लाहिड़ी अपने समय के मूर्धन्य ख़्यालिया थे। परवीन सुल्ताना उन्हीं की शागिर्दा हैं। नाम हो जाने पर गुरु रूप में उन्हें मंच पर याद नहीं करती, बल्कि गुरु रूप में बतौर अपने शौहर दिलशाद ख़ाँ का नाम लेती हैं। यह तो आज के गाने-बजाने वालों की तहज़ीब है।

जोशीजी और लाहिड़ी मोशाय की मानसिकता में अन्तर था—भीमसेन जी की तरह चिन्मय लाहिड़ी भी खूब पीते थे। पर भीमसेन आपादमस्तक सिर से पाँव तक सुर और लय में ही डूबे रहते थे। वहीं लाहिड़ी जी को सङ्गीत से अधिक अपने से प्यार था। यही वज़ह है कि ख़्याल गायकी में विरल उपलब्धि के बावजूद लाहिड़ी मोशाय उस देव और गुरु प्रदत्त महारत को गँवा बैठे जबकि भीमसेन जोशी ने मनोबल और दृढ़ संकल्प की बदौलत अपने साङ्गीतिक व्यक्तित्व को वो बुलन्दी दी कि आजीवन प्रथम पंक्ति के चोटी के चर्चित ख़्याल गायकों में उनकी शुमार होती रही।

वाक़या सन् 50 के दशक का है जब जोशीजी को सङ्गीत की दुनिया में भी कम ही लोग जानते थे। उन्हीं दिनों गया (बिहार) के सङ्गीतरसिक सरदार पण्डा पण्डित गोविन्द लाल नकफोफा ने अखिल भारतीय सङ्गीत समारोह का आयोजन करवाया था। गोविन्द बाबू स्वयं एक कुशल हारमोनियम वादक एवं पूरबिया ठुमरी के निष्णात् कलाकार सोनी महाराज के शागिर्द थे।

गया में आयोजित उस सङ्गीत समारोह के लिए गायक-वादकों को अनुबन्धित करके लाने की जिम्मेवारी गया के ही पण्डित कामेश्वर पाठक (जो एक अच्छे गायक हैं) को सौंपी गयी थी। पाठकजी ने भीमसेन जोशी को गाने के लिए बुक किया। उक्त सङ्गीत जलसे में पाकिस्तान के मशहूर ख़्याल गायक द्वय उस्ताद नज़ाकत अली ख़ाँ और सलामत अली ख़ाँ को भी आमंत्रित किया गया था। दोनों भाइयों की युगलबन्दी उन दिनों सङ्गीत प्रेमियों के सिर चढ़ कर बोलती थी। वे अपनी तानकारी के लिए जाने जाते थे। बहुत तैयार गाते थे। मैंने भी कलकत्ते में एकबार दोनों को रू-ब-रू गाते सुना—तानें क्या थी—लगता था दोनों के गले में चर्खी लगी हो।

नज़ाकत-सलामत ने जमकर ख़्याल की पेशकश की—धुआँधार तानबाजी।

तैयारी का गाना गाते थे, पर गायकी में रस नहीं था—चमत्कृत कर देने वाली गायकी थी। Technical excellence तो था, पर जिगर नहीं था। हाँ, पंजाबी अंङ्ग में पहाड़ी की ठुमरी बेहतरीन गाते थे। ख़्याल और ठुमरी गाकर गयावाल रसिकों में वे चर्चा का विषय बन गये। उन्होंने अपनी पेशकश से खूब वाहवाही लूटी।

उनके बाद आयोजकों ने जोशीजी का आइटम रख दिया। पर भीमसेन तो ग्रीन रूम में शराब की बोतल गट करने में लगे थे। खूब पी ली उन्होंने। जैसे ही उनके नाम की उद्घोषणा हुई कि कामेश्वर पाठक उन्हें लेकर स्टेज की ओर बढ़े। पर यह क्या जोशीजी उल्टी करने लगे—पाठक जी उनकी हालत देख कर घबरा गये—मन-ही-मन अपने को कोसने लगे कि किसको ले आये—वह निराश हो गये। जैसे ही उल्टी थमी उन्होंने जोशीजी से मुँह धो लेने का आग्रह किया, पर भीमसेन तो अपने रौ में थे, लिहाज़ा, अनसुनी करते, हाथ ही से मुँह पोंछते हुए मंच पर आसीन हुए। श्रोता क्यों उनकी नोटिस लेते—उन पर तो नज़ाकत-सलामत का भूत सवार था सो अनमने भाव से बैठे रहे।

मंच पर बैठते ही तानपूरे मिला कर छेड़ने का इशारा किया, भीमसेन जी ने। उनके साथ तबले पर थे पण्डित शामता प्रसाद उर्फ़ गोदई महाराज और सारङ्गी पर पण्डित गोपाल मिश्र, संगत के लिए दायें-बायें बैठे थे। गोपाल मिश्र ने आहिस्ते से पूछा, 'क्या गायेंगे पण्डित जी?' 'दरबारी कानड़ा', जोशीजी ने कहा। बगैर अलाप लिए, 'और नहीं कछु काम के...' अस्थाई के बोल भरे और थोड़ा बहलावा करते हुए गन्धार से धैवत् की ऐसी खेंच लगायी कि पण्डाल में बैठे लोग सकते में आ गये—उनके मुँह से अनायास 'वाह-वाह' निकल पड़ा—श्रोता विमुग्ध, टकटकी लगाकर भीमसेन की ओर मुखातिब हो उठे—इतने में तीन सप्तक की कई-कई आवृत्तियों की दमकश की तान लगाते हुए तानों की झड़ी लगा दी—दमदार तानों की उस महताबी रवाइश से श्रोताओं पर जो नज़ाकत-सलामत का भूत सवार था, वह आहिस्ते-आहिस्ते छूमंतर हो गया। क्या अदाकारी थी, 'मैं भरोसे अपने राम को...' अन्तरा कह कर 'पुकार' के स्वर लगाते हुए तार षड्ज पर जैसे ही जाकर खड़े हुए कि सबों की जुबान पर भीमसेन छा गये। तालियों की गड़गड़ाहट से पण्डाल गुंजित हो उठा—तक़रीबन दो घंटे तक ख्याल की ऐसी पुरकश प्रस्तुति देकर जोशीजी ने जोगिया की ठुमरी 'पिया से मिलने की आस' शुरू हो गये—इस भावप्रवण सुरीली अदाकारी के बाद अन्त में भैरवी में अपना प्रिय भजन 'जो भजे हरि को सदा सोहि परम पद पावेगा', शुरू कर दिया—इक समां बँध गयी। लोग भूल गये कि उनके पहले भी किसी का गाना हुआ।

इतनी देर से कामेश्वर पाठक मायूसी के आलम में गुमशुम बैठे थे। लेकिन

जोशीजी का ज़बर्दस्त गायन सुनकर उनकी बांछें खिल गयीं—खुशियों का ठिकाना नहीं रहा।

करतल ध्वनि के बीच गोविन्दलाल नकफोफा ने भीमसेनजी को गले लगाते हुए कहा, 'वाह-वाह क्या बात है, अब तक आपसे पहले जनाना गाना हो रहा था—यह हुआ आपका मर्दाना गाना—दिल खुश कर दिया आपने। हम गयावाल आपके इस यादगार गायन को कभी भी भुला नहीं सकेंगे।' तो यह थी भीमसेन जोशी की आत्मदृढ़ता और संकल्प शक्ति की अनूठी मिसाल। सच ही कहा है कि, 'जिस मंच पर भीमसेन होते थे वह उन्हीं का हो जाता था।'

एकबार कलकत्ते के किसी सङ्गीत जलसे में ग्रीन रूम में आदत से लाचार जोशीजी पी रहे थे—आयोजक परेशान थे—बार-बार मना करने पर भी भीमसेन अनसुनी करते रहे और खीझ कर कहा, 'जाओ, नहीं गाऊँगा।' किन्तु आयोजक के बहुत चिरौरी करने पर वह नशे की हालत में ही स्टेज पर आये—तब सुबह की पौ फट रही थी—भोर की उस वेला में बैठते और तानपूरे छिड़ते ही भीमसेन, नव्वाब वाज़िद अली शाह 'अख़्तर पिया' की भैरवी की ठुमरी 'बाबुल मोरा नइहर छूटो जाय' से शुरू हो गये—आलम यह था कि मदहोशी की उस हालत में भी ऐसा गाये कि श्रोताओं को रुला मारा। ठुमरी की उस रसमाधुरी दरिया में डूबते-उतराते सुनकारों का बुरा हाल था—वह गाते रहे और हॉल में जिधर देखिए सुबकते-सुबकते रसिक जन बेहाल थे। तरावट ओ कशिश से लबालब भीमसेन की भोर की पेशकश ठंडई (भंग की शरबत) की मीठी मादक नशीली फुहार बहाती रही और श्रोता होश गँवाए उसका छक कर पान करते रहे—अद्भुत समां-क़रिश्माई नज़ारा था—अनिर्वचनीय और अविस्मरणीय— 'अनहद रस की मुखर माधुरी' से साक्षात्कार—'ब्रह्मानन्द' की अनुभूति—सब कुछ अकथनीय।

1988 ई. गुरुवर्य विनायक बुआ पटवर्धन स्मृति ग्रन्थ 'वन्दे विनायकम्' का लोकार्पण पुणें स्थित तिलक स्मारक मन्दिर के भव्य सभागार में हुआ। उक्त अवसर पर बुआ साहब के तक़रीबन सभी शिष्यगण पुणें में इकट्ठे हुए थे—उनमें यह नाचीज़ भी था।

लोकार्पण अनुष्ठान पर उपस्थित विशिष्ट व्यक्तियों में मिरज के राजा साहब और रानी साहिबा, गन्धर्व महाविद्यालय, दिल्ली के संस्थापक प्राचार्य पण्डित विनयचन्द्र मौद्गल्य यानी, भाईजी, मेरे गुरुबन्धु तथा पण्डित भीमसेन जोशी समेत शहर के अनेक गण्यमान्य व्यक्तित्व और जाने-माने सङ्गीतकार।

समारोह का शुभारम्भ भीमसेन जोशी के हृदयोद्गार से हुआ। मराठी में बड़े मार्मिक एवं भावभीने शब्दों में बुआ साहब के विषय में बोलते हुए उन्होंने कहा

अपने गुरुवर्य पण्डित सवाई गन्धर्व (बैठे हुए बीच में) के साथ भीमसेन जोशी (पीछे खड़े)।

था कि, 'महाराष्ट्र में दो ही विनायक पूजे जाते हैं—एक विद्यादाता देवा गणपति बप्पा और दूसरे विनायक बुआ पटवर्धन। महाराष्ट्र के जितने घरों में आज तानपूरे बज रहे हैं वे इन्हीं विनायक बुआ की बदौलत।

'विनायक का अर्थ होता है विघ्नेश्वर गणेश', अपनी बात बढ़ाते हुए जोशीजी ने आगे कहा—'जिस मुक़ाम पर आज भीमसेन को आप देख रहे हैं उसे हासिल कराने का पूरा श्रेय विनायक बुआ पटवर्धन को है। उन दिनों गुरु की तलाश में मैं दर-दर की खाक छान रहा था—उन्हीं भटकाव के दिनों में एक ऐसा मोड़ मेरे जीवन में आया जब जालंधर में हठात् बुआ साहब की दृष्टि मुझ अकिंचन पर पड़ी—मैं वहाँ एक अन्धा सेठ मंगतराम जो थोड़ा बहुत ध्रुपद आदि गाते थे, उनके यहाँ चाकरी करने लगा था। और फुर्सत में सेठ जी से गाना सीखता था। एक दिवस विनायक बुआ जो जालंधर 'हरिवल्लभ सङ्गीत समारोह' में गाने के लिए गये थे, उस रास्ते से गुज़र रहे थे जिस पर सेठजी का मकान था—उन्होंने सेठजी के मकान के भीतर गाते हुए मेरी आवाज़ सुनी—सुनकर बुआ वहीं ठिठक गये—रुक कर वहाँ अपने मकान के बरामदे में बैठे सेठजी से पूछा कि, 'आपके घर के भीतर कौन गा रहा है?' जवाब मिला, 'मेरा नौकर', यह सुनकर बुआ चकित हुए—उन्होंने सेठजी से कहा कि, 'क्या उससे आप मुझे मिलवा सकते हैं?' सेठजी ने मुझे बाहर बुलाया—बाहर आते ही बुआ साहब से मुलाक़ात हुई—मुझे मराठी भाषी जानकर उन्होंने मराठी में पूछा, 'यहाँ क्या कर रहे हो?' तो मैंने बताया कि, 'गुरु की तलाश में आया और इनसे गाना सीखने के बहाने यहाँ नौकरी करने लगा, क्योंकि खर्च के लिए पैसे भी चाहिए था।' इस पर बुआ साहब ने मुझसे कहा, 'ऐसे में भला तुझे गुरु मिलेगा? गुरु तो तेरे गाँव (गडग, धारवाड़) के निकट कुन्दगोल में रहता है—सवाई गन्धर्व—इन दिनों संयोगवश वह पुणें में हैं। कल मैं वापिस पुणें जा रहा हूँ। तू मेरे साथ चल, वहाँ मैं तुझे

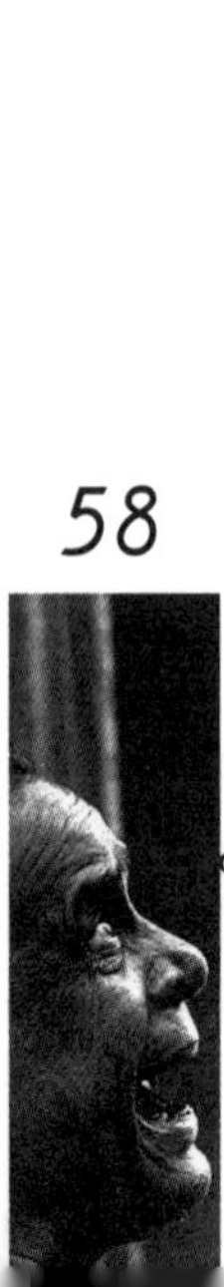

उनके पास गाना सीखने के लिए रखवा दूँगा।'

'रात भर मुझे नींद नहीं आयी। करवटें बदलता रहा—दोनों तरह की बातें मन में उठने लगीं कि साथ हो लूँ, फिर सोचा कि कहीं यहाँ के बने-बनाये मामले से हाथ न धोना पड़े—इसी ऊहापोह में रात गुज़र गयी। लेकिन अन्ततोगत्वा सबेरे मैंने मन बना लिया कि बुआ साहब के साथ पुणें जाना है। और उनके साथ मैं पुणें आ गया। बुआ साहब ने मुझे सवाई गन्धर्वजी के पास ले जाकर उन्हें सुपुर्द करते हुए कहा, 'गन्धर्वजी, मैं हीरे का टुकड़ा आपको तराशने के लिए दे रहा हूँ। आप यदि इसे ईमानदारी और निष्ठा से सिखायेंगे तो आपका और आपके घराने का नाम रौशन करेगा।'

'मेरे जीवन को निर्णायक मोड़ पर लाकर उस विघ्नेश्वर गणपति विनायक ने मँझधार में पड़ी मेरी नैया को पार लगा दिया। आज जो कुछ भी मैं हूँ सब उसी विनायक गणेशजी की बदौलत। उनके उपकार के ऋण से मैं कभी भी उऋण नहीं हो सकता।'

यह था, जोशीजी का विनायक बुआ के प्रति हृदयोद्‌गार और विनम्र कृतज्ञताज्ञापन जिसे उन्होंने सार्वजनिक तौर पर पहली बार पुणें के उस अविस्मरणीय सारस्वत समारोह में व्यक्त किया। मृत्युपर्यन्त उस एहसान की चर्चा अत्यन्त ही विनयशीलता से करते रहना भीमसेन जोशी की सदाशयता और महानता का द्योतक है।

विनायक बुआ के प्रति जोशीजी के हृदय में कैसा सम्मान भाव था कि बुआ साहब की पौत्री भारती आप्टे ने मुझे बताया कि, 'दादाजी के निधन की दुखद खबर पाकर भीमसेन जी इतने विचलित हो गये थे कि श्मसान घाट पर जाकर अन्तिम संस्कार के लिए रखी उनकी अस्थि से लिपट कर उनके निर्जीव पैरों पर सिर रख कर फूट-फूट कर रोते हुए यही कहते रहे कि, 'मेरा अभिभावक सबसे बड़ा सम्बल और राह दिखाने वाला पथ-प्रदर्शक मुझे असहाय छोड़ कर चला गया—अब मुझे कौन रास्ता दिखायेगा—मेरी गलतियों पर कौन मुझे डाँट पिलायेगा-फटकारेगा?' वास्तव में विनायक बुआ को भीमसेन अपना 'मेन्टर'—अभिभावक अन्तिम समय तक मानते रहे। मुझे हैरानी होती है कि बुआ साहब के प्रति ऐसी अगाध श्रद्धा तो उनकी सन्तान में भी मुझे नहीं दिखी जिस वज़ह से बुआ आहत रहते थे।

लोकार्पण समारोह के दूसरे दिन प्रातः मैं जोशीजी के निवास पर उनसे आशीर्वाद लेने गया तो बड़ी आत्मीयता से मिले—चाय पिलायी, घंटों बातचीत करते रहे—उस दौरान पटना के दशहरा सङ्गीत समारोह के बारे में पूछताछ करते रहे तथा पण्डित रामचतुर मल्लिक की खैरियत पूछी—उनकी जिज्ञासा, उनकी सदाशयता को ही रेखांकित करती थी। मल्लिक जी को अपने समय का महान्

सङ्गीतज्ञ वह मानते थे। 'ध्रुपद तो रामचतुर मल्लिक गाते हैं', ऐसा वह कहते थे, 'पर बहुत पीते हैं'—उन्हें तुम मना नहीं करते।' यह सुनकर मुझे बरबस हँसी आ रही थी कि स्वयं वह कोई कम पीते थे।

मैंने जब उनसे कहा कि, 'पटना नहीं आने का लगता है आपने कसम खा रखी है। आखिर ऐसी क्या खता हो गयी पटनावासियों से।' तो बोले, 'ऐसा कुछ भी नहीं तुम बुलाओगे तो ज़रूर आऊँगा। पर कम-से-कम एक माह पहले मुझे सूचित कर देना।' अफ़सोस है कि ऐसा संयोग बन नहीं सका कि उन्हें बुला पाता।

साठ-सत्तर के दशक (20वीं सदी) में दशहरा के अवसर पर पटना में आयोजित सङ्गीत जलसों में जोशीजी प्रायः हर साल आते रहे, किन्तु 1967 ई. दशहरा के दिन बाँकीपुर क्लब, पटना में आयोजित उनके कार्यक्रम के दौरान कुछ ऐसी अशोभनीय वारदात हुई कि उनके आत्मसम्मान को गहरी ठेस पहुँची। तब से पटना नहीं आने की उन्होंने गाँठ बाँध ली। राँची, मुजफ़्फ़रपुर आदि जगहों के आयोजनों में आते रहे। पटना से उनका ऐसा जी उचाट हुआ कि फिर कभी नहीं आये।

मैं इस घटना के विस्तार में नहीं जाना चाहता। पर इतना ज़रूर कहना चाहूँगा कि कलाकार की दुनिया अलग होती है। वह परले दर्ज़े का स्वाभिमानी होता है—exceptionally touchy होता है—संवेदनशील होता है। जब भी वह अपनी कला का निरादर होते देखता है तो वहाँ से वह हट-कट जाता है—'रहिमन धागा प्रेम का मत तोड़ो चटकाय, टूटे तो फिर ना जुटे, जुटे गाँठ रह जाय।' कलाकार का दिल जब टूटता है तो उसे जोड़ना मुश्क़िल हो जाता है, गाँठ रह ही जाती है। काश! कलाकार के इस मर्म को बाँकीपुर क्लब, पटना के हॉल में बैठे उन तथाकथित हाई-फाई नागरों ने समझा होता।

उस घटना के बाद मेरी जब भी उनसे मुलाक़ात हुई, मैंने पटना आने के लिए उन्हें बहुत मनाने की चेष्टा की। पर वह हँस कर टाल जाते थे। कलाकार को मान-सम्मान देना पुरानी पीढ़ी के साथ ही चला गया। कहिए तो वह तहज़ीब ही नहीं रही। यह भी सही है कि आज के कलाकार (अपवाद को छोड़ कर) भीमसेन सरीखे रहे भी नहीं—पैसे के लिए आज के कलाकार किसी भी सीमा तक जा सकते हैं। किसी शायर ने वज़ा फ़रमाया है कि, 'बुलबुल ने आशियाना चमन से उठा लिया, उनकी बला से बूम बसे या हुआ बसे।'

सन् 1988 के पुणें के लोकार्पण समारोह के बाद दूसरे दिन जोशीजी से मिलने मैं उनके निवास पर गया था जिसका ऊपर उल्लेख कर चुका हूँ।

उनसे विदा होने से पूर्व मैंने बड़ी संजीदगी से कहा, 'जोशीजी, विनायक बुआ को तो आप गुरुतुल्य, अपना 'मेंटर' (mentor) मानते हैं न...' तो बीच

ही में मेरी बात काटते हुए बोले, 'यह भी पूछने की बात है, इसे तो सार्वजनिक तौर पर मैं व्यक्त कर चुका हूँ, फिर तुम ऐसा क्यों पूछ रहे हो?' तो छूटते ही मैंने कहा, 'फिर तो बुआ साहब का यह अदना शागिर्द आपका गुरु भाई हुआ', यह सुनते ही वह खुशी से उछल पड़े और मेरा हाथ पकड़ कर बोले, 'अरे भाई, फिर देख क्या रहे हो, आओ गले लग जाओ' और इतना कहते हुए खींच कर उन्होंने मुझे गले लगा लिया। कैसा निर्विकार, सरल चित्त, विशाल हृदय सङ्गीत का वह अनन्य साधक-तपःपूत-शलाका पुरुष। कहाँ यह नाचीज़ सङ्गीत सेवी और कहाँ हिन्दुस्तानी सङ्गीत का वह शिखर पुरुष। सच है, 'नादब्रह्म' का सच्चा साधक-उपासक निष्कलुष गंगाजल की तरह पवित्र होता है—हर दिल अज़ीज़। अपने चाहकों के लिए उसके दिल में बड़ी इज़्ज़त होती है।

भीमसेन जोशी में कैसी विनयशीलता थी कि सङ्गीत-साधना के शिखर पर आसीन होकर भी अहंकार और बदगुमानी से बिल्कुल अछूता-निर्लिप्त रहे। जरा गौर फ़रमाइये कि एकबार अपनी बड़ी गुरु बहन विदुषी गंगू बाई हंगल से उन्होंने कहा, 'बाई, असली किराना घराना तो तेरा है, मेरी तो बस किराने की दुकान है।' अहा, कैसा औदार्य, हृदय की विशालता-बड़प्पन की प्रतिमूर्ति। किराना घराने के अपने समकालीन गायक-गायिकाओं में सबसे चर्चित लोकप्रिय और ख्यातिनाम होने के बावजूद अपने घराने की सबसे वरिष्ठ प्रतिनिधि गायिका, भीमसेन अपनी गुरु बहन गंगूबाई हंगल को मानते और बताते रहे। जोशीजी के समकालीन हम उम्र गायक-वादकों में ऐसी दरियादिली मुझे भीमसेन को छोड़ कर

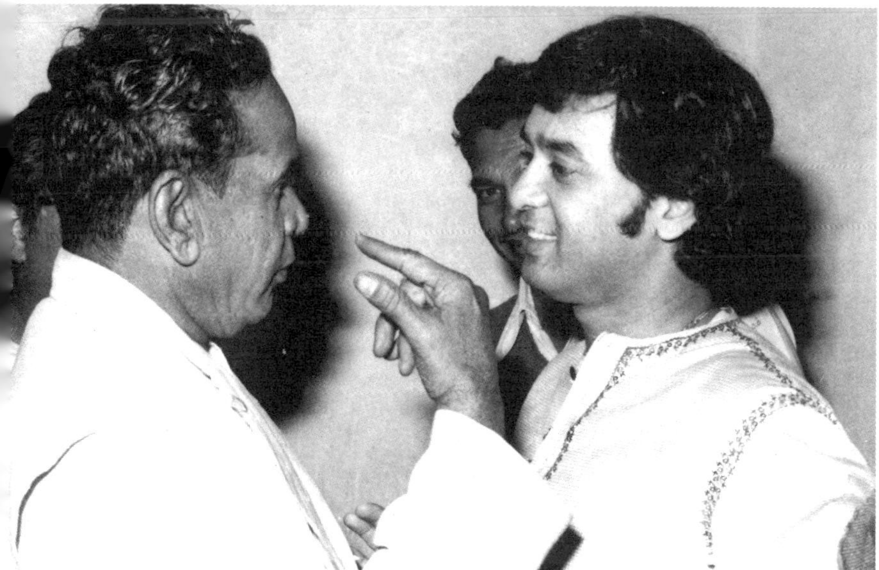

तबलानवाज़ उस्ताद ज़ाकिर हुसैन के साथ पण्डित भीमसेन जोशी।

सौजन्य : डॉ. सुलभा श्रीखण्डे पुणे।

किसी में भी नहीं मिली। जबकि अमूमन सबों के साथ मेरा उठना-बैठना रहा।

गंगूबाई भी अपने छोटे गुरु भाई से बहुत स्नेह रखती थीं। बल्कि उन पर ज़ांनिसार रहती थीं। मैंने प्रत्यक्ष देखा कि 1977 ई. में रवीन्द्र सदन, कलकत्ता में आयोजित उस्ताद हाफ़िज़ अली ख़ाँ म्यूज़िक फेस्टीवल में भीमसेन जोशी द्वारा पूरिया के ख़्याल की असाधारण प्रस्तुति पर दर्शक-श्रोता दीर्घा की प्रथम पंक्ति में बैठी हुई गंगूबाई हंगल उछल-उछल कर दाद देती हुई कहती रही, 'अरे फार चांगला, भीमसेन तुमच्या शेर गावैच्या, बहुत खूब-शाबाश!' और गायन समाप्त होते ही दौड़ कर ग्रीन रूम में जा अपने गुरु भाई के गले से लिपट गयीं और तारीफ़ की झड़ी लगा दी—दोनों गुरु भाई-बहन के मिलन का वह दृश्य अपूर्व था—देखते ही बन रहा था। देख कर मेरी आँखें छलछला गयीं। दोनों ही किराना घराने के चांद-सूरज-अन्तिम कीर्ति स्तम्भ थे—अतुलनीय-अद्वितीय।

रवीन्द्र सदन में आयोजित उक्त सङ्गीत जलसे में चोटी के गायक-वादकों ने शिरकत की—सबों में उल्लेखनीय प्रस्तुति मुझे चार ही सङ्गीतज्ञों की लगी—भीमसेन जोशी, एम.एस. गोपाल कृष्णन, मल्लिकार्जुन मंसूर और एस. बालचन्दर। लेकिन इनमें भी भीमसेन जोशी की 'पूरिया' और एम.एस. गोपालकृष्णन की 'पूरिया धनाश्री' की प्रस्तुतियाँ सर्वोत्तम रहीं। जोशीजी की प्रस्तुति ऐसी थी कि गायन समाप्त होते ही अमजद अली यह कहते हुए स्टेज पर आये कि, 'पण्डित जी, आज तो आपने कमाल कर दिया—एक लम्बे अरसा के बाद आपसे पूरिया सुनकर तबीयत बाग़बाग़ हो गयी सुभानअल्लाह!' होता है, 'राग रसोई, पागड़ी,

पण्डित भीमसेन जोशी एक सङ्गीत जलसे में गाते हुए, तबला संगति—उस्ताद ज़ाकिर हुसैन।

कभी-कभी बन जाय।'

भीमसेन जैसे गायक 'सदाबहार' होते हैं और उनकी गायकी 'सब जन मिट्ठा।' परम्परा और घरानेदारी के रंग में रंगी रीत की गायकी और रागदारी आम लोगों की समझ से परे होती है, इस धारणा को भीमसेन की प्रस्तुतियाँ निर्मूल निराधार साबित करती थीं—राग तो बहुतो गाते-बजाते हैं, पर राग सङ्गीत में डूब कर गाने वाले भीमसेन की राग प्रस्तुतियों की तरह अचूक असर करने वाली विरले ही होती है।

तभी तो, बनैलीराज (बिहार) के रससिद्ध गायक महाराजकुमार श्यामानन्द सिंह कहा करते थे कि, 'राग सङ्गीत यदि आमफ़हम को भी बाँध कर न रख दे तो उसे मैं शास्त्रीय सङ्गीत नहीं मानता।' अपने कथन को वह करनी में भी करके दिखाते थे। वह कहा करते थे कि, 'गले से नहीं रूह से गाओ।' केवल अस्थाई-अन्तरा यानी बन्दिश गा कर सुनने वाले को रूला देना, मैंने कम ही गायकों को देखा।

रवीन्द्र सदन में बैठा मैं भी अपनी जगह से उठ कर ग्रीन रूम में गया कि देखूँ भीमसेन जी ने आज कितनी चढ़ाई (पी) है—मुँह से खुशबू आ रही है या नहीं और सच मानिये, मैं तो हैरत में पड़ गया यह देख कर कि उस सन्ध्या वह बिना पीये गाने बैठे थे—'ड्राई' भीमसेन में इतनी रसार्द्रता मुझे यक़ीन ही नहीं हो रहा था, ऐसा लगा कि सपना तो नहीं देख रहा, पर यह हक़ीक़त थी—इसे भी दुर्लभ संयोग कहेंगे। सहसा मेरे मानस में बुआ साहब की बरसों पहले कही बात कि, 'नहीं पीता तो और भी उम्दा गाता' कौंध गयी। विनायक बुआ सरीखे सिद्ध सङ्गीतज्ञ को दिव्य दृष्टि प्राप्त थी—वर्षों पूर्व कही हुई उनकी बात घटित होते देख कर मेरी नसों में खुशी की लहर दौड़ गयी कि ऐसे सिद्ध सन्त सङ्गीतज्ञ का शिष्य होने का गौरव मुझ नाचीज़ को हासिल हुआ।

इसी रवीन्द्र सदन, कलकत्ते के मंच पर साल भर पहले (सन् '76) वह बिल्कुल नहीं गा सके—इतना सुरापान कर लिया था कि अपने को क़ाबू में नहीं रख सके और स्टेज पर बैठते ही धराशायी हो गये। साल भर बाद यानी सन् '77 में जब अमज़द अली ख़ाँ के आयोजन में गाने के लिए बुलाये गये तो उसे चुनौती मान शराब छुआ तक नहीं और ऐसा गा गये कि उनकी प्रस्तुतियाँ यादगार बन कर रह गयीं।

थे तो मल्लिकार्जुन मंसूर भी नशेबाज—बीड़ी पीने की उन्हें आदत थी। पर वह फक्कड़ साधुओं की जमात के थे। कई अवसरों पर ग्रीन रूम में मैंने देखा कि बीड़ी सुलगा कर एकाध कश ली और बुझा कर अधजली बीड़ी को कान पर रख कर रिहर्सल में जुट गये। लेकिन भीमसेन जोशी का जहाँ तक नशा करने की बात थी तो आम आदमी की तरह थे—आमलोगों में जो कमजोरियाँ

होती हैं उनसे परे नहीं थे—पीने में कमोबेशी का ख़्याल नहीं रखते थे। इसलिए जब-तब नशा उन पर ऐसा हावी हो जाता कि उन्हें गाने लायक नहीं रहने देता था। यही मंसूर और जोशी में फ़र्क़ था। पर भीमसेन थे तो आखिर 'जीनियस' (jenius)—उनके विषय में यतीन्द्र मिश्र की टिप्पणी बहुत हद तक सटीक लगती है कि, 'भीमसेन जोशी जिन वज़हों से अपने घराने की नागरिकता में एक विरले और श्रम-शिल्पी गायक के रूप में प्रसिद्धि के पथ पर आगे बढ़े थे, वह उसी परम्परा से निकल कर आती थी जिसमें उनके पूर्वज सवाई गन्धर्व से लेकर मल्लिकार्जुन मंसूर और कुमार गन्धर्व जैसे लोग शामिल थे।' यतीन्द्र मिश्र सवाई गन्धर्व और मल्लिकार्जुन मंसूर की परम्परा में कुमार गन्धर्व को भी जोड़ते हैं जब कि कुमार गन्धर्व परम्परा और घराना से द्रोह करते थे।

भीमसेन के भीतर ऐसी ताकत थी यानी उनमें ऐसा ज़बर्दस्त आत्मविश्वास था कि जब वह ठान लेते थे तो फिर मंच पर उन्हीं का वर्चस्व बना रहता था। ऐसा होते मैंने स्वयं अपनी आँखों रवीन्द्र सदन, कोलकाता के प्रेक्षागृह में देखा कि समस्त महारथियों के बीच से उनका रथ सबसे आगे निकल गया।

आप कह सकते हैं कि (और जैसा कि यतीन्द्र मिश्र ने भी लिखा है) भीमसेन की उपलब्धि श्रम साध्य थी। (किन्तु असाधारण रूप से की गयी मेहनत में जब सोच और समर्पण का समन्वय गायक करता है तो वह मात्र 'श्रम साध्य' नहीं कहा जा सकता, बल्कि असाधारण विलक्षण प्रतिभा का अङ्ग बन जाता है)। पर भीमसेन की महती उपलब्धि में कहीं-न-कहीं उनकी विलक्षण एवं असाधारण प्रतिभा का बीज भी छिपा था जो कठोर रियाज से प्रस्फुटित-पल्लवित-पुष्पित होकर अपने सुमन सौरभ से हिन्दुस्तानी सङ्गीत की बगिया को गमगमा गया।

किराना घराने की विराट विभूतियाँ भीमसेन और गंगूबाई का भरपूर स्नेह और उनकी दुआओं से मैं कृत-कृत हुआ। कैसा सुखद संयोग था कि, 'स्पिक मैके' (Spic Macay) के इन्दौर कन्वेन्शन (convention) में जोशीजी को मंच पर माल्यार्पण करने के लिए मुझसे कहा गया और बंगलोर कन्वेन्शन में भी इसी नाचीज़ को गंगूबाई हंगल को माला पहनाने का श्रेय हासिल हुआ।

दोनों ही हिन्दुस्तानी सङ्गीत के खजाने के बेशक़ीमती नगीने—'माणिक-मुक्ता' थे—आफ़ताब और महताब थे। जिनकी रश्मियों से न केवल किराना घराना बल्कि दूसरे घराने भी आलोकित होते रहे—दोनों की गायकी में बला का दमखम, स्वरों की ताजगी और तासीर ऐसी कि सुनने वालों को विमोहित कर उनके ज़ेहन में पैठ जाती थी—बिसारे नहीं बिसरती। पचपन साल पहले भीमसेन से सुने 'ललित' और गंगूबाई से सुनी 'मारूविहाग' के ख़्याल आज भी मेरे दिलोदिमाग़ को तरोताज़ा कर जाते हैं—सुख दे जाते हैं।

'दिगम्बर सुर राख रे...' यानी बिना अलंकार-सजावट के खड़े-खड़े सुर लगा

कर गंगूबाई और एक ही साँस में जिस दमखम, सफाई, स्फूर्ति एवं वेग के साथ तानों की लपेट लिए तीनों सप्तक में सहज ही पूरी सलाहियत से भीमसेन विचर जाते थे—वह अनिर्वचनीय अप्रतिम साधनकौशल उनका अपना था। किसी से उधार लिया हुआ नहीं जो किसी समकालीन गायक -गायिका को मयस्सर हुआ हो।

Some one has observed that 'Bhimsen was marked in the arena of breath control by a small rather, thin built tobacco addicted old virtuoso from Karnataka (Dharwad) by the name of Mallikarjun Mansur. How the latter managed this is a medical mystery because he did not possess that bull like physical attribute of Bhimsen Joshi, though he would match him gritt.'

But in my opinion Mallikarjun Mansur was not a match, he was much more superior and an accomplished artist than Bhimsen Joshi. He was a purist, an outright embodiment of gharana gayki. Mallikarjun never borrowed any phrase or idiom from other gharanas. So, there should not be any comparison between Pandit Mallikarjun Mansur and Bhimsen Joshi. Such comparison may be called as childish and unwanted action of confused mind.

दरअसल में, मल्लिकार्जुन मंसूर की साँस पर असाधारण नियंत्रण का राज था कि वह एक दरवेश थे—सुरलोक का फक्कड़ फ़क़ीर। उनकी दम साँस की तानों की कई आवृत्तियों की लपेट सहज योगी की थी—श्रमसाध्य या अभ्यासजनित नहीं थी जब कि भीमसेन की भोगी की थी। हालाँकि भीमसेन की यह खासियत भी असाधारण थी, पर वह मंसूर की तरह नैसर्गिक नहीं थी। मंसूर की प्रस्तुति में यह effortlessly यानी स्वतःस्फूर्त होता था। जबकि भीमसेन का श्रमसाध्य था—दुर्धर्ष अटूट घोर रियाज का सुपरिणाम जो सबके वश की बात नहीं।

तुलना होती है, समवय, जोड़ीदार, हम उम्र से। मल्लिकार्जुन मंसूर उम्र और अनुभव दोनों में भीमसेन जोशी से पन्द्रह साल बड़े थे। सङ्गीत कला में मर्यादा बड़ी अहमियत रखती हैं, इसलिए बड़े की छोटे से किसी भी क़ीमत पर तुलना नहीं की जानी चाहिए—इसे हिमाक़त कही जायगी। ऐसा करना शायद जोशीजी को भी पसन्द नहीं पड़ता। क्योंकि मैं जानता हूँ कि उनका मिज़ाज और उनकी सोच ऐसा करने के लिए कतई इजाज़त नहीं देती। मर्यादाहीन कार्य उन्हें बिल्कुल पसन्द नहीं था। दूसरे, मंसूर साहब को भीमसेन गुरुवत मानते थे।

मर्यादा, शिष्टाचार और तहज़ीब क्या होती है, यह पुरानी पीढ़ी के सङ्गीतकारों में देखने को मिलती थी। इस सन्दर्भ में 'आफ़ताब-ए-मौसीक़ी' उस्ताद फ़ैयाज़ ख़ाँ का एक प्रेरक प्रसङ्ग मेरे स्मृति पटल पर अनायास उभर कर छा जाता है।

ख़ाँ साहब ने राग 'मियाँ की तोड़ी' में एक बन्दिश रची थी जिसके अस्थाई के बोल हैं, 'अब गुनन की लराई लरीये...'। पर इस बन्दिश को खुद उन्होंने कभी नहीं गायी। यह वाक़या सुनाते हुए उनके भांजे और शागिर्द लताफ़त हुसैन ख़ाँ ने बताया कि जब उन्होंने अपने मामू उस्ताद से जिज्ञासावश पूछा कि, 'मामू उस्ताद, इस बन्दिश को आपने बनायी और हमें सिखायी भी, पर खुद कभी नहीं गायी, ऐसा क्यों? तो मामू उस्ताद ने बड़े इत्मीनान से कहा, 'अबे तेरी अकल घास चरने गयी है—लड़ाई किससे लड़ी जाती है? हम उम्र जोड़ीदार से न पर महफ़िल में बुजुर्गवार और बर्ख़ुरदार दोनों होते हैं। ऐसी हालत में अगर मैं इस बन्दिश को गाऊँ तो बुजुर्गों की तौहिनी होगी और बर्ख़ुरदार समझेंगे कि बड़े मियाँ ख़्वामख़ाह हम पर रौब गाँठ रहे हैं।' इस पर लताफ़त हुसैन ने कहा कि, 'फिर इसे बनायी क्यों?' तो ख़ाँ साहब ने हँसते हुए कहा कि, 'तुम लोगों के लिए—जब तुम्हारे गाने-बजाने के दिन आयेंगे तो इन बातों का विचार नहीं रहेगा।' कितनी दूरगामी नज़रिया थी उन बुजुर्गों की और कैसे विचारवान तथा मर्यादित लोग थे वे। कहने का तात्पर्य है कि सङ्गीत के उन बुजुर्गों के जब ऐसे विचार थे, तो जब हम उन पर लिखते हैं तो हमारी लेखनी भी मर्यादित होनी चाहिए—जब हम सोच-विचार कर मर्यादा के घेरे में रह कर क़लम चलावेंगे तो हमारे लेखन की सार्थकता होगी और हम कुछ positive message दे सकेंगे।

पण्डित मल्लिकार्जुन मंसूर से सङ्गीत की बारीकियों को जोशीजी सीखना चाहते थे। इस सम्बन्ध में उनकी गुरुबहन गंगूबाई हंगल बताती थी कि, 'यह वही कलाकार है जिसने सदा ही वरिष्ठ गायक पण्डित मंसूर से न सिर्फ़ सङ्गीत की बारीकियाँ सीखने के जतन के चलते आत्मीय ढंग से डाँट खायी बल्कि हर एक गलती पर मल्लिकार्जुन जी से भरी महफ़िल में टोके जाने पर उसी तरह खिस्स से हँस कर रह जाता जैसे कोई शागिर्द अपने गुरु, बुजुर्ग सङ्गीतकार या आत्मीयजन से भूल पकड़े जाने पर झेंपते हुए करता है।' गंगूबाई का कथन जोशीजी के किरदार को समझने के लिए आवश्यक प्रतीत होता है कि किस तरह युवावस्था में भीमसेन कोसों चलकर सुर, लय, छंद, ताल को समझने के लिए चक्कर लगा कर गुरुधाम वापिस आते थे। मल्लिकार्जुन मंसूर के सान्निध्य से ही भीमसेन ने कुछेक दुर्लभ अछोय राग जैसे, पटमंजरी, मलूहाकेदार, सूहा सुघरई सरीखे जटिल रागों की लयात्मकता और दैवीयता को आत्मसात कर आम लोगों में सहज-सरल बनाने का उल्लेखनीय कार्य किया।

हम भीमसेन और गंगूबाई की चर्चा कर रहे थे। फ़ैयाज़ ख़ाँ प्रसङ्ग से थोड़ा व्यतिरेक-विषयान्तर हुआ जो आवश्यक था। किराना घराना की इन दो महती हस्तियों की गायकी की चर्चा हो रही थी—एक की गायकी अलंकार विहीन-ध्रुपदों में सुर की महिमा बताते हुए कहा गया है कि, 'दिगम्बर सुर राख रे' अर्थात् यानी

सुर पक्के, सच्चे और सधे हैं तो उसे किसी तरह की सजावट की आवश्यकता नहीं पड़ती। इस अलंकार विहीन सौन्दर्य का बखान करते हुए कवीन्द्र रवीन्द्र कहते हैं, 'कृष्णकली अमि ताराय बोली....' गाँव की नग-धड़ंग अल्हड़ यौवन में उफनायी गदरायी काली कलूटी ग्रामीण बाला को रवि ठाकुर 'कृष्णकली' कहते हैं—कहने का आशय है कि सौन्दर्य आवरणविहीन अपने नैसर्गिक स्वरूप में जिस तरह से विमोहित कर जाता है जो चिरस्थायी होता है—ठीक उसी तरह अलंकार विहीन सुरों को अपने कण्ठस्वर से व्यक्त करती हुई सुरों की सुहानी फ़िज़ा और तासीर पैदा करना गंगूबाई की खासियत थी—तीन मिनटों वाली लाख की मारवा की रिकार्ड (Record) में गंगूबाई ने रिषभ् और धैवत् का जैसा सच्चा सटीक स्वरोच्चार किया है उससे उनकी सुर-साधना की परिपक्वता और गहराई तथा पकड़ का सहज ही अहसास होता है। मारवा गाने में जिन उस्तादों जैसे अमीर ख़ाँ आदि का नाम विशेष रूप से लिया जाता है उनसे भी इस राग के प्रस्तुतीकरण में मैंने वैसा सच्चा रिषभ् और धैवत् लगाते नहीं सुना। सुर का सच्चा लगाना ही किसी भी प्रस्तोता की प्रस्तुति का प्राण तत्व होता है जिसके लिए विदुषी गंगूबाई हंगल का नाम लिया जाता रहेगा। और दूसरे, यानी भीमसेन की अलंकृत पर उसमें सलीक़ेदारी—दोनों ही प्रस्तोताओं में बला का खिंचाव—'रूहानी खुशबू से लबरेज़। और 'रूह के मिज़ाज का किसने पार पाया है?' ऐसा उस्ताद बड़े गुलाम अली ख़ाँ फ़रमाते थे।'

काफ़ी अरसा हुआ जब पंढरपुर स्थित बिठोवा मन्दिर के प्रांगण में आयोजित सङ्गीत सभा में गंगूबाई हंगल का गायन हुआ था जिसे दूरदर्शन पर टेलीकास्ट (Telecast) किया गया। गंगूबाई की वह यादगार प्रस्तुति मेरे ज़ेहन में अभी भी गिरफ़्त है जब उन्होंने जोगिया में निबद्ध 'हरि का भेद न पायो साधो' गाया था। आह्लाद और हृदय को विदग्ध कर देने वाली उस प्रस्तुति को याद कर मेरा रोम-रोम पुलकित हो उठता है। सङ्गीत हो तो ऐसा जो कानों से कभी न जाय।

गंगूबाई हंगल और भीमसेन जोशी एक ही घराना और एक ही गुरु के शागिर्द, पर उनकी गायकी दो बिन्दुओं पर अलग-थलग अपने निजत्व की छाप लिए उसका सहज ही बोध कराती थी— फिर भी दोनों की प्रस्तुतियों में किराना गायकी के मानक मुखर होते रहते थे। मेरे विचार से हर घराना का शलाका फ़नकार स्वयं में घराना होता है। उस पीढ़ी के घरानेदार सङ्गीतकारों ने जिस आस्था, निष्ठा और अपनी प्रस्तुतियों की मौलिक विलक्षणता से अपने घराना की गायकी को समुन्नत रख कर घराने की प्रतिष्ठा में इज़ाफ़ा किया वह घरानेदार गायकी की सम्पन्नता की अद्भुत मिसाल पेश करती नज़र आती है—घराना के प्रति उनकी अटूट आस्था को परिलक्षित ही नहीं अपितु उन कलाकारों के अभिजात्य संस्कार को भी रेखांकित करती है जिससे वे मंडित थे। इसलिए

अपनी गुरुबहन विदुषी गायिका गंगूबाई हंगल के साथ पण्डित भीमसेजन जोशी।

सौजन्य : गजेन्द्र नारायण सिंह

घराना हिन्दुस्तानी सङ्गीत का अविभाज्य अभिन्न अङ्ग है। यह वर्तमान में शायद ही इक्के-दुक्के कलाकारों की गायकी और उनके व्यक्तित्व में दिखता है। नहीं तो वर्तमान में खिचड़ीपरोस गायकी पेश करने वाले कलाकारों की स्तरहीनता ही झलकती रहती है। ऐसा मेरा मानना इसलिए है कि राग सङ्गीत cultured and sophisticalted music है जिसका पूर्ण सौष्ठव घरानों और परम्पराओं में ही निखरता रहा है। वास्तव में शास्त्रीय सङ्गीत लोक सङ्गीत का परिष्कार है।

आज के गायक-वादकों में घराना और परम्परा का मोह भी नहीं छूटता और दूसरी ओर अपनी निहित स्वार्थपरता के चलते घराने की भर्त्सना करने से बाज नहीं आते। इससे उनका दोगलापन और संस्कारहीनता साफ़ नज़र आता है। शायद इसी वज़ह से उनकी प्रस्तुतियाँ खिचड़ीपरोस होती हैं जिसे वे नूतन प्रयोग कहकर मियाँ मिट्ठू बनते हैं। पर उनका प्रयोग बिल्कुल, बेस्वाद, बेजान और शुष्क होता है—उसमें गिमीकिरी छोड़ कर कुछ नहीं होती—उनके प्रयोग बेबुनियाद और आधारहीन होते हैं। आचार-विचारहीन गायन न केवल घराने बल्कि परम्परा और शास्त्रीयता से भी पलायन है। पुरानी पीढ़ी के गवैये जहाँ, 'बन्धन में शृंगार' के उत्कृष्ट नमूने हैं वहीं वर्तमान पीढ़ी के प्रयोगवादी कलाकार स्वच्छन्द सङ्गीत के निकृष्ट उदाहरण। सामान्य जन-जीवन के लिए जिस तरह से खानदान, उसकी उत्कृष्टता का परिचायक होता है उसी तरह सङ्गीतजीवियों की श्रेष्ठता की पहचान घराने में निहित होती है। घराना उनकी साङ्गीतिक उपलब्धि की उत्कृष्टता, परिष्कार और सुसंस्कार का द्योतक है। Those were great stalwarts of Hindustani Music who highlighted the essence of their gharanas, they felt pride and prestige in calling themselves as gharanedars. यहाँ तक कि कलावंत तवायफ़ों में भी घराने होते थे, जैसे, ‘डेरेदार’। सच पूछिए तो घराने अदबोतहज़ीब से जुड़े होते थे जिसकी मर्यादा और गरिमा को गाने वाली तवायफ़ें भी समझती थीं।

वे गाने-बजाने वाले जिनका कहीं ठौर नहीं होता—जो व्यक्तित्वविहीन होते हैं या जिनकी पूछ कूढ़ों और नाक़द्रों में होती है, वे ही घराने के महत्त्व और उसके शिष्टाचार तथा उसकी अनिवार्यता को नहीं समझते या नहीं समझना चाहते। इसलिए सिवाय गाल बजाने के अपने गाने-बजाने से वे न तो मुक़ाम हासिल कर पाते हैं न परम्परा की समृद्धि और विकास में स्थायी रूप से कुछ जोड़ ही पाते हैं। यही कारण है कि भीमसेन जोशी को अपने घराना और घरानेदार होने पर नाज़ और गर्व था। जोशीजी ने अपने घराना को वो बुलन्दी और ऊँचाई दी कि स्वयं घराना बन गये। भीमसेन और किराना एक-दूसरे के पर्याय बन गये। मेरे जानते भीमसेन जोशी किराना घराना के अन्तिम ‘Giant’ थे।

जोशीजी में अपने घराना और उसके संस्थापक-प्रतिष्ठाता यानी दादागुरु ‘स्वर किन्नर’ उस्ताद अब्दुल क़रीम ख़ाँ के प्रति कैसी श्रद्धा थी कि जब उन्होंने ख़ाँ साहब की गायी झिंझोटी की ठुमरी ‘पिया बिन नाहि आवत चैन’ और राग वसंत में गाए ख़्याल ‘फगवा ब्रज देखन को चली री’ की ग्रामोफोन रिकार्ड्स (Gramophone Records) अपनी उम्र के ग्यारहवें साल में सुनी तो मन में ठान लिया कि गाना गाना है तो ऐसा ही। यही वज़ह है कि भीमसेन की गायकी में अब्दुल क़रीम ख़ाँ की रूह बोलती थी।

‘स्वर किन्नर’ उस्ताद अब्दुल क़रीम ख़ाँ।

सन् 1977 ई. के ‘उस्ताद हाफ़िज़ अली ख़ाँ म्यूज़िक फेस्टीवल’ में भीमसेन जोशी ने अपने गायन का

समापन अब्दुल क़रीम ख़ाँ साहब की प्रिय 'चीज़' 'करुणा सुनो गोपाला' गाकर किया था। सच कहता हूँ उस सन्ध्या भीमसेन ऐसे मिज़ाज में थे कि इस बन्दिश को पेश कर बड़े मियाँ (ख़ाँ साहब) को मूर्तमंत कर दिया। बन्दिश हर गेय विधा की रीढ़ होती है, इसे भीमसेन भलीभाँति समझते थे। बगैर बन्दिश के भाव और रस की निष्पत्ति सम्भव नहीं है। इस हक़ीक़त से जोशीजी पूरी तरह वाक़िफ़ थे। इस सन्दर्भ में उल्लेखनीय है, कि बनैलीराज (बिहार) के महाराज कुमार श्यामानन्द सिंह केवल बन्दिशें गाकर सुनने वालों को भाव विभोर कर देते थे। उनकी इस महारत का पुरानी पीढ़ी के तक़रीबन सभी घरानेदार गायक-वादक तक लोहा मानते थे। तभी तो उनके गाये भजनों को सुन कर पण्डित जसराज यह कहते हुए रो पड़े थे कि, 'आज तक अपने गायन से मैं किसी को रुला नहीं सका।' इसी वज़ह से जोशीजी भी बन्दिश प्रस्तुति में सजग रहते थे—बन्दिश प्रस्तुति में उनकी रूह बोलती थी जिससे उनका गायन गहरा प्रभाव डालता था।

किराना घराना के संस्थापक अब्दुल क़रीम ख़ाँ के साथ घराने की गायकी का ऐसा 'स्थायी भाव' बन गया उनका 'स्वर विलास' और 'कारुण्य भाव' जिसे उनके पट्टशिष्य रामभाऊ कुन्दगोलकर उर्फ़ सवाई गन्धर्व ने आत्मसात करके अपने ढंग से अपनी गायकी में भर दिया और गुरु से शिष्य को मिली घराने की परम्परा के उस उत्स को भीमसेन ने भी अपनी चौड़ी, पाट और दमदार बुलन्द भारी आवाज़ को तराश कर लचीला-रसीला बना गतिशील रखा—यह

पण्डित जसराज और पण्डित सी.आर. व्यास के साथ पण्डित भीमसेन जोशी।

सौजन्य : गजेन्द्र नारायण सिंह।

जोशीजी की न केवल ख़्याल की बल्कि विशेष रूप से ठुमरी की प्रस्तुतियों में स्पष्टतया परिलक्षित होती थी—'स्वर' में 'कारुण्य' का प्राबल्य उनकी गायी ठुमरियों, पिया तो मानत नाहिं... 'पिया से मिलने की आस', बन्दिश 'करुणा सुनो गोपाला' एवं भजन 'हरि का भेद न पायो साधो' तथा 'जो भजे हरि को सदा...' में स्पष्ट देखा और महसूसा जा सकता है—जोगिया, भैरवी काफ़ी रागों में 'करुणा' को जिस तरह से शृंगार के लावण्य और भक्ति तथा समर्पण के भावों और रसों से भर कर इन बन्दिशों की पेशकशों में जोशीजी ने हृदय को उद्वेलित कर द्रवित कर देने वाला जज़्बा पैदा किया उसे लफ़्ज़ों से जाहिर करना मुमकिन नहीं। 'कालजयी' मुहर लगी भीमसेन की ये प्रस्तुतियाँ आने वाले दिनों में उन्हें जीवन्त रखेगी और गाने-बजाने वालों तथा रसिकों को अनुप्राणित करके ऊर्जावान भी रखेंगी। 'खुदी को कर बुलन्द इतना कि खुदा बन्दे से पूछे बता तेरी रज़ा क्या है?' सही में भीमसेन जोशी ने सङ्गीत की दुनिया में वो बुलन्दी और रुतबा हासिल किया कि रसिकों की पूरी जमात उनके पीछे हो ली। हर तबक़े में भीमसेन के सङ्गीत के लिए जैसी दीवानगी और चाहत मैंने देखी, वैसी समकालीन गायक-गायिकाओं में किसी और के लिए नहीं दिखी।

कैसी असीम श्रद्धा और भक्ति थी जोशीजी की अब्दुल क़रीम ख़ाँ के प्रति, इस सन्दर्भ में मुझे किराना घराना के वर्तमान प्रतिनिधि गायक उस्ताद मशकूर अली ख़ाँ ने एक प्रेरक वाक़्या सुनाया। दिल्ली में कार्यक्रम देकर भीमसेन जोशी अपनी कार से पुणें वापिस लौट रहे थे—रास्ते में जब पानीपत आया तो उनके साजिन्दे गुलाम रसूल ख़ाँ (तबला वादक) ने बताया कि, 'पण्डित जी, यहाँ से किराना बहुत क़रीब है।' यह जानते ही जोशीजी ने अपनी कार की स्टीयरिंग किराना गाँव की ओर घुमा दी। जब किराना गाँव के निकट पहुँचे तो गाड़ी सड़क के किनारे लगा दी और पाँव से चप्पल निकाल कर हाथ में ले लिया—फिर वहाँ से खाली पाँव ठिकाना पूछते हुए ख़ाँ साहब की हवेली जब पहुँचे तो उन्होंने चप्पल कुछ दूरी पर रख दिये—और हवेली की चौखट पर माथा टेकते हुए साष्टाङ्ग हो गये और अपनी ज़ेब से इक्यावन रुपये निकाल कर बतौर नज़राना चौखट पर रखते हुए पुनः माथा टेका और उल्टे पाँव काफ़ी दूर तक जाकर फिर सीधे चलकर अपनी कार तक पहुँचे। अब आप ही बताइए, अपने घराने के आदि पुरुष के प्रति ऐसी श्रद्धा भक्ति ओ निष्ठा-समर्पण आज के गाने-बजाने वालों में से कितनों में है? फिर वो बुलन्दी कहाँ से हासिल होगी जो जोशीजी को प्राप्त थी।

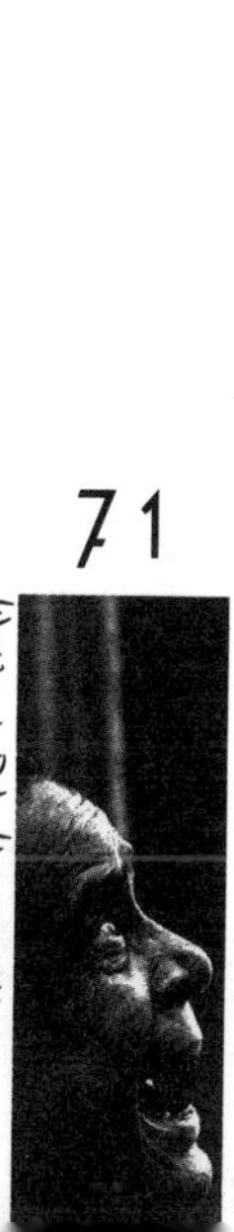

उस्ताद अब्दुल क़रीम ख़ाँ के प्रमुख और पट्टशिष्य रामभाऊ कुन्दगोलकर उर्फ़

सवाई गन्धर्व ने किराना गायकी की नींव पर अपनी गायकी की अट्टालिका खड़ी की थी–भव्य, खूबसूरत और मनमोहक।

मैं तो गन्धर्व जी को रिकॉडर्स (Records) में ही सुन पाया हूँ, जो काफ़ी अच्छे बने हैं, पर मोहन नाडकर्णी ने उन्हें रू-ब-रू सुना। इसलिए to quote Nadkarni,' 'There was feminine grace in his gayaki, which he inherited from his ustad. But his asthayi unfoldings revealed leisurely pace and meticulous exploration of chosen ragas, the unhurried quite progression punctuated by a variety of brief soft swara alaps showed his fine sense of the subtle and charming.

What was remarkable and finally stood out was master piece in sculptured sound, majestic in from immense in proportion, yet ornate with gamak, boltan and vivid tan patterns, all perfectly executed and intergrated in to the equisite design.

Equally uncanny was his insight into the niceties of laya and taal, this sense of precision in timing and typical interplay of melody and rhythm particularly, reflected in madhya and drut laya was amazing and were all his own. In presenting the raga rupa and its ellabration he left giving emphasising on sargam singing which was typical of his master's style. He also excelled in Thumari singing the typical Abdul Karim Khan style.'

सवाई गन्धर्व की गायकी के विषय में जो कुछ श्री नाडकर्णी ने लिखा है वह गन्धर्व जी की रिकॉर्ड्स (Records) को सुनकर जो मैंने उनकी गायकी और शैली के विषय में निष्कर्ष निकाला है उससे मिलता-जुलता है। इसीलिए मैंने मोहन नाडकर्णी को उद्धृत किया है।

गुज़िश्ता ज़माने के महफ़िलमार गवैयों में किराना घराना के सवाई गन्धर्व की खास जगह थी। किसी भी महफ़िल में जाने और शिरकत करने से पहले वह अपने गले को गर्म करने और माँजने के लिए जमकर रियाज़ करते थे। इस सम्बन्ध में प्रत्यक्षदर्शी मोहन नाडकर्णी ने जो कुछ लिखा है वह गौरतलब है, 'I had the previlege of listening Swai Gandharva's live recitals as well as on radio till he was struck down by paralysis in the late 1942. despite his life long riyaz and dedication his voice still suffered from some inherent limitation. But the distinction was in the way he turned his shortcomings to advantage.

Nadkarni further says , 'I remember how he was

apprehensive of this unpredictable medium of expression and how to ensure a succesful concert performance he would keep practising for at least three to four hours before a formal stage appearance. But the moment he found his voice in shape, he would have his large audience under his spell till the wee hours of the morning.'

सङ्गीत की महफ़िलों, गायक-वादकों की क़द्र और सङ्गीतकला के संरक्षण-संवर्धन के लिए बिहार की कई रियासतें कलाकारों में चर्चित रहीं। इनमें पूर्णियाँ जिलान्तर्गत चम्पानगर ड्योढ़ी बनैलीराज का विशेष योगदान रहा। उस ज़माने में गाने-बजाने वालों के लिए चम्पानगर ड्योढ़ी मौसीक़ी का मक्का-मदीना माना जाता था। बनैलीराज के महाराजकुमार श्यामानन्द सिंह के विषय में पुरानी पीढ़ी के गवैये-बजवैयों से मैंने काफ़ी कुछ सुना—वह स्वयं रससिद्ध गायक थे—बन्दिशों की अदाकारी में उनका सानी नहीं था—तत्कालीन सभी घरानेदार सङ्गीतकार उनके इस इल्मोहुनर के क़ायल थे। आगरा घराना के प्रख्यात गायक उस्ताद विलायत हुसैन ख़ाँ, आगरे वाले ने अपनी पुस्तक 'सङ्गीतज्ञों के संस्मरण' में यहाँ तक लिख डाला कि, 'बनैली के महाराजकुमार श्यामानन्द सिंह से बढ़कर समझदार और सङ्गीत पारखी मुझे नहीं मिला।'

कुमार श्यामानन्द सिंह के अनुज दुर्गानन्द सिंह के विवाहोत्सव पर 40 के दशक में सवाई गन्धर्व का ड्योढ़ी में आगमन हुआ था। तक़रीबन सात-आठ

प्रख्यात् सितारनवाज़ उस्ताद विलायत ख़ाँ के साथ पण्डित भीमसेन जोशी।
सौजन्य : गजेन्द्र नारायण सिंह।

दिनों तक वह ड्योढ़ी में रहे जिस दौरान उनकी चार-पाँच महफ़िलें जमायी गयी। श्यामानन्द सिंह को इस बात से बेहद खुशी थी कि यद्यपि उस्ताद अब्दुल क़रीम ख़ाँ का उनकी ड्योढ़ी में पदार्पण नहीं हुआ तथापि ख़ाँ साहब के प्रमुख शिष्य सवाई गन्धर्व ने उनकी ड्योढ़ी के आतिथ्य को स्वीकार उस कमी की परिपूर्ति कर दी जिसका उन्हें अफ़सोस था।

कुमार साहब बताते थे कि, 'सवाई गन्धर्व का व्यक्तित्व बड़ा ही सौम्य व आकर्षक था–गौर वर्ण लम्बे क़द के संत प्रकृति गायक थे–बिल्कुल सात्विक आहार-विहार था उनका।'

काकाजी श्यामानन्द सिंह जी उनके रसभीने गायन से अत्यधिक प्रभावित हुए। उन्होंने बताया कि, 'सवाई गन्धर्व महफ़िलमार गवैया थे। शेरवानी-चूड़ीदार और साफ़ा में जब वह महफ़िल में शिरकत करते होते तो बड़ा ही शानदार एक मनोमुग्धकारी छटा बिखेरते नज़र आते थे।' उनकी गायकी के बारे में जब मैंने उनसे पूछा कि, 'सवाई गन्धर्व कैसा गाते थे?' तो उन्होंने बताया कि, 'क्या कहने हैं। यथानाम तथा गुण'–वह वास्तव में गन्धर्व थे–आवाज़ उनकी पतली पर मीठी और बेहद असरदार– अपने उस्ताद की गायकी गाते थे–replica थे उनके–अत्यन्त ही सुरीले और भावप्रवण।

पर जैसा कि पिछले पन्नों में सवाई गन्धर्व की गायकी की खुसूसियत की सविस्तार चर्चा की गयी, वह अपने उस्ताद का हू-ब-हू गाना नहीं गाते थे–'कार्बन कॉपी' नहीं थे, बल्कि उनकी प्रस्तुतियों में उस्ताद की गायकी की विशेषताओं के अलावे निजत्व की मुहर लगी होती थी जो प्रस्तुति के दौरान बखूबी दिखती थी। अन्यथा वह इतने बड़े गायक नहीं हुए होते, बल्कि पण्डित अमरनाथ की तरह उस्ताद अमीर ख़ाँ के नक़लनवीस होकर रह जाते। सच पूछिए तो किराने की गायकी को जैसा प्रस्तार देकर उसे और भी ऊँचाइयों तक सवाई गन्धर्व ले गये जिसे उनके शिष्य द्वय गंगूबाई हंगल और भीमसेन जोशी ने भव्यता प्रदान की। सिर्फ़ ये दोनों शागिर्द ही नहीं अपितु तीसरे वासवराज राजगुरु ने भी किराना गायकी के स्वरसौष्ठव को अपनी सुरीली आवाज़ से सँवारा-उन्नत किया। किसी गायक के ऐसे तीन प्रमुख शिष्यों का होना उस गायक गुरु के साङ्गीतिक व्यक्तित्व की विराटता को रेखांकित करता है। चोटी का गायक और चोटी का प्रशिक्षक होना विरल उपलब्धि है जिसके धनी सवाई गन्धर्व थे। सवाई गन्धर्व बहुमुखी प्रतिभा वाले ऐसे गुरु-प्रशिक्षक थे कि घराने को तीन बहुमूल्य सङ्गीत रत्न दे गये–गंगूबाई हंगल, बासवराज राजगुरु और भीमसेन जोशी–His legacy can't be belittled.

सवाई गन्धर्व की तरह मेरे गुरुवर्य विनायक बुआ पटवर्धन भी चोटी के गायक और चोटी के गुरु-प्रशिक्षक थे। बुआ साहब ने भी एक सिद्धहस्त प्रशिक्षक

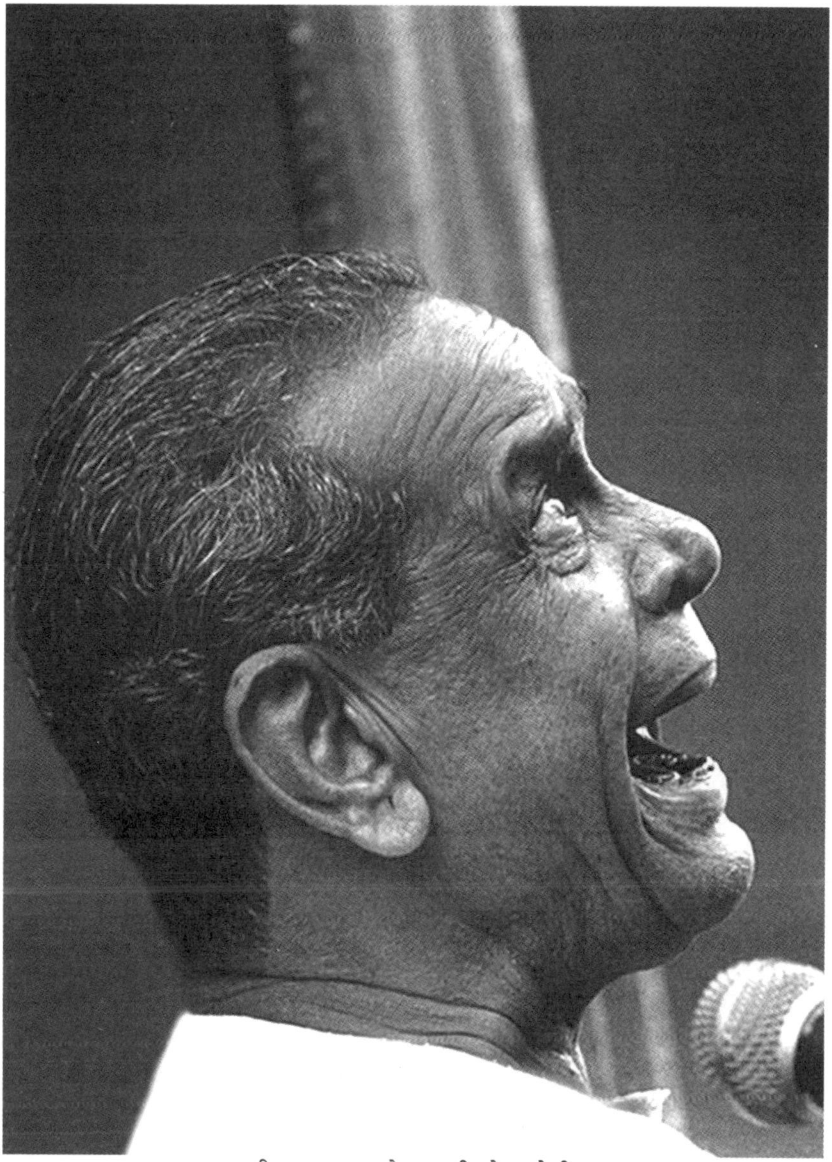

सुर की उड़ान : प्रस्तोता : भीमसेन जोशी।

सौजन्य : रंजन कुमार।

की हैसियत से अपने घराने को दो अनमोल सङ्गीत के जवाहरात तराश कर दिए—दत्तात्रेय विष्णु पलुस्कर (डी.भी. पलुस्कर) और सुनन्दा पटनायक। इतना ही नहीं, विनय चन्द्र मौद्गल्य और मेरे सरीखे सङ्गीत कलाविद् एवं प्रचारक को भी तैयार किया जिन्होंने विष्णु दिगम्बर पलुस्कर की परम्परा को आगे बढ़ाते हुए गतिमान रखा—एक ने दिल्ली में गन्धर्व महाविद्यालय की स्थापना की तो दूसरे ने मिशनरी की तरह हिन्दुस्तानी सङ्गीत के संरक्षण-संवर्धन के लिए अपने को उत्सर्ग कर दिया।

दरअसल, बुआ साहब और सवाई गन्धर्व, दोनों एक-दूसरे के घनिष्ठ मित्र थे। यही कारण है कि जब भीमसेन जोशी को विनायक बुआ ने गन्धर्व जी के हवाले प्रशिक्षण देने के लिए कहा तो उन्होंने बगैर ना-नुकुर किए जोशीजी को अपना शिष्य बनाने के लिए सहर्ष स्वीकार कर लिया। दोनों गायकों में ऐसी प्रगाढ़ता थी कि मैंने बुआ साहब की पौत्री उषा के विवाहोत्सव पर सवाई गन्धर्व की सुपुत्री को पटवर्धन जी से बड़े आदर और विनम्रता के साथ मिलते और बातें करते देखा था।

भीमसेन जोशी भी अपने गुरु का ditto copy नहीं थे—गुरु की गायकी का हू-ब-हू अनुसरण-अनुकरण नहीं करते थे। वस्तुतः घराने का हर बड़ा क्रियेटिव आर्टिस्ट (Creative Artist) घराने की गायकी का विस्तार अपना रंगरोगन लगा कर ही करता है। परन्तु परम्परागत तहज़ीब और घरानेदार मर्यादा की सीमा में रहकर जो कुछ भी अपनी ओर से जोड़ता है उसमें घराने की मौलिकता को आँच नहीं पहुँचती है—मौलिक छवि और विशेषताएँ हर हालत में अक्षुण्ण रहती है। इसे ही सङ्गीत की भाषा में 'बन्धन में शृंगार' कहते हैं। इसी वज़ह से घरानेदार गायकी और परम्परा एक पीढ़ी से दूसरी पीढ़ी यानी पीढ़ी-दर-पीढ़ी गतिशील रहती है। हिन्दुस्तानी सङ्गीत की परम्परा, घराना और विरासत इतनी विकसित, और समृद्ध है, इसका राज यही है।

कहीं-कहीं की माटी सङ्गीत की दृष्टि से कुछ ज़्यादा ही उर्वरा और रसीली हुआ करती है, जैसे ग्वालियर, अतरौली और किराना तथा दक्षिण में धारवाड़ (कर्नाटक)। यहाँ की सरज़मीं में हिन्दुस्तानी सङ्गीत के दुर्लभ रत्न पैदा हुए, जैसे ग्वालियर में हस्सू, हद्दू ख़ाँ और नत्थू ख़ाँ तथा उनके वारिस 'भूगन्धर्व' रहमत ख़ाँ और (बड़े) निसार हुसैन ख़ाँ जिनकी शिष्य परम्परा में दीक्षित बुआ, वासुदेव बुआ जोशी, देवजी बुआ, बालकृष्ण बुआ इचलकरंजीकर, रामकृष्ण बुआ वझे, शंकर पण्डित, एकनाथ पण्डित, कृष्णराव शंकर पण्डित, विष्णु दिगम्बर पलुष्कर एवं अन्यान्य धुरंधर गायक हुए, तो अतरौली में मानतोल ख़ाँ, मेहबूब ख़ाँ 'दरस पिया', पुत्तन ख़ाँ, जहाँगीर ख़ाँ, गुलाम अब्बास ख़ाँ, नत्थन ख़ाँ, फ़ैयाज़ ख़ाँ, विलायत हुसैन ख़ाँ आगरेवाले, अता हुसैन ख़ाँ, अनावर हुसैन ख़ाँ, लताफ़ल हुसैन ख़ाँ, शराफ़त हुसैन ख़ाँ, खादिम हुसैन ख़ाँ प्रभृति ख़्यालिए हुए और किराना में बन्दे अली ख़ाँ बीनकार, अब्दुल क़रीम ख़ाँ, अब्दुल हक, अब्दुल मजीद ख़ाँ, अब्दुल वहीद ख़ाँ, मौलाबक़्श, अजीम बक़्श प्रभृति ख़्यालिए। इसी तरह धारवाड़ में सवाई गन्धर्व, गंगूबाई हंगल, वासवराज राजगुरु, कुमार गन्धर्व, बुद्धिराज गवई, मल्लिकार्जुन मंसूर, प्रभृति हिन्दुस्तानी सङ्गीत के पुरोधा हो गये।

इस पृष्ठभूमि के आलोक में हम बताना चाहते हैं कि भीमसेन जोशी भी इसी मीठी, रसभीनी सुरों से आप्लावित माटी गडग (धारवाड़) की उपज थे।

ऐसी रसीली माटी में जन्म लेने के कारण उन्हें सङ्गीत का संस्कार तो धरती मैया से प्रकृति प्रदत्त था जिसका परिष्कार धारवाड़ के निकटवर्ती गाँव कुन्दगोल के किराना घराने के उद्‌भट गायक ओ गुरु पण्डित सवाई गन्धर्व की छत्रछाया में मिली तालीम से हुआ। धारवाड़ की एक अलग अहम खासियत है कि किराना घराना के अलावे यहाँ ग्वालियर और अतरौली-जयपुर घराने भी खूब फूले-फले।

विनायक बुआ पटवर्धन की खोजी प्रवृत्ति और अनुकम्पा से भीमसेन जोशी को सवाई गन्धर्व सरीखे गायक-गुरु का सान्निध्य प्राप्त हुआ जिनसे सन् 1935 ई. से 1940 ई. तक के पाँच वर्षों की अल्पकालीन तालीम उन्हें प्राप्त हुई। विनायक बुआ से जोशी का साक्षात्कार कैसे हुआ इस पर आगे चर्चा होगी।

सवाई गन्धर्व से पंचवर्षीय तालीम उन्हें इतनी पुख़्ता मिली कि उस आधारशिला पर अपने विराट साङ्गीतिक व्यक्तित्व का क़िला तैयार करने में भीमसेन को आशातीत सफलता प्राप्त हुई। इस समयावधि में जोशीजी ने अपने गुरु की गायकी की समस्त विशेषताओं और बारीकियों को आत्मसात कर लिया। इस दौरान गुरु ने केवल तीन ही राग बताये—'मियाँ की तोड़ी', 'मुल्तानी' और 'पूरिया'। उसमें भी जैसा कि भीमसेन जी ने बताया था कि तीन वर्षों तक सिर्फ़ 'मियाँ की तोड़ी' ही गुरु बताते रहे और जब गन्धर्व जी इस बात से आश्वस्त हो गये कि यह राग शिष्य के गले में बैठ गया तो आगे के दो वर्षों में 'मुल्तानी' और 'पूरिया' बताये। सवाई गन्धर्व का मानना था कि इन तीन रागी पर अधिकार कर लेने से सभी रागों की समझ और पकड़ आसान हो जाती है। शायद उनका ऐसा मानना अनुभवजन्य था। इस पर गम्भीरता से विचारने पर पता चलता है कि प्रातःकालीन, अपराह्न और सन्ध्या (रात्रि का प्रथम प्रहर) के इन तीन रागों को गले में बिठा लेने पर शेष रागों में दखल सरलता से हो जाती है। सम्भवतः इसी वज़ह से इन तीनों रागों में भीमसेन जोशी की असाधारण पैठ थी जिसके अनुरूप इन रागों में उनकी प्रस्तुतियों के रंग भी असाधारण वारे-न्यारे होते थे। होता है, किसी-किसी गवैये का कोई-कोई राग सिद्ध जिसकी प्रस्तुति के पश्चात् उस राग को गा-बजा कर रंग ज़माना अन्य प्रस्तोताओं के लिए कठिन ही नहीं नामुमकिन हो जाता था।

पुरानी पीढ़ी के गवैये-बजवैये राग, बन्दिश, तान, लयकारी, गायकी के इन अवयवों को ऐसा साधते थे कि इनमें चारों या किसी दो या एक पर उनका विशेषाधिकार हो जाता था। यह खासियत उस पीढ़ी के अमूमन सभी प्रस्तोताओं में कमोबेशी देखी जाती थी। मिसाल के तौर पर कलकत्तेवाली गौहरजान की सपाट तान, आगरेवाली जोहराबाई की दानेदार तानकारी, आगरा घराने के गवैयों खासकर फ़ैयाज़ ख़ाँ की बन्दिश की अदाकारी, लय के प्रमाण से अतरौली-जयपुर घराने के प्रस्तोताओं की तानकारी इत्यादि। हाँ, विनायक बुआ पटवर्धन के

तराना में 'दिर्-दिर्' की लड़ी एक ही साँस में कई मिनटों तक लगाने का चित्ताकर्षक अंदाज़ेबयाँ। भीमसेन भी इसके उत्कृष्ट नमूने थे—वह अपनी मिसाल आप थे—खासकर एक ही साँस में कई-कई आवृत्तियों वाली दमकश की तानों की लपेट। इसलिए मानना पड़ता है कि वह विशेषज्ञता का ज़माना था जिसमें कलाकारों में ऐसी प्रतिस्पर्धा थी कि अपने को स्थापित करना और कायम रखना आसान नहीं था—लोहे के चने चबाने जैसा था।

सवाई गन्धर्व तत्कालीन अन्य गुरुओं की भाँति तालीम देने के मामले में बड़े सख़्त और अनुशासन प्रिय थे। भीमसेन जोशी बताते थे कि एकबार एक 'स्वरसंगति' के अभ्यास क्रम में किसी सुर पर बुरी तरह फिसल गये, फिर क्या था, गुरु की क्रोधाग्नि भड़क उठी और उन्होंने तैश में आकर मेरे माथे के अग्र भाग पर अखरोट तोड़ने वाला यन्त्र से दे मारा। भीमसेन के ललाट और माथे के ऊर्ध्व भाग में उस ज़ख्म का निशान मृत्युपर्यन्त बरक़रार रहा। जोशीजी उसे दिखाते हुए हँस कर कहते थे, 'यह गुरु के ताड़न रूपी प्यार का 'प्रसाद' है।' सुविख्यात हारमोनियम वादक और प्रकाण्ड सङ्गीतशास्त्री डा. मुनेश्वर दयाल अक़्सर कहा करते थे कि, 'गुरु का ताड़न-मारन सब प्रसाद शीश नवाये जे लै सके लै जाय।'

पाँच वर्षों के प्रशिक्षण के दौरान अपने गुरु के साथ भीमसेन कार्यक्रमों में भी जाते रहे जहाँ अन्य घरानों के गायकों को सुनने का उन्हें सुयोग प्राप्त हुआ जिससे मंच प्रस्तुतीकरण की कला का भी ज्ञान और तजुर्बा उन्हें हुआ। इतना ही नहीं, इससे भीमसेन को सङ्गीत के विभिन्न घरानों की वैशिष्ट्यपूर्ण विविधताओं का, तथा मंच पर गुरु को गाते हुए देख-सुन कर व्यावहारिक ज्ञान मिलता रहा। सीखने-सिखाने का यह भी एक ढंग था। आज के सङ्गीतकारों का कहना है कि पहले के गुरु अपने शिष्यों को दूसरे घराने के गवैये-बजवैयों को सुनने की इजाज़त नहीं देते थे—ऐसा कहना सरासर गलत-मिथ्या प्रलाप है।

सवाई गन्धर्व अपनी मंच प्रस्तुतियों के दौरान गायन संगति (vocal assistance) के लिए भीमसेन को अवश्य रखते थे। ऐसा उनकी गुरु बहन गंगूबाई हंगल बताती थी। इससे पता चलता है कि अपने गुरु (सवाई गन्धर्व) के कितने प्रिय पात्र और विश्वसनीय थे, भीमसेन। सङ्गीत क्रियात्मक और व्यावहारिक कला है जिसके विभिन्न रंग-ढंग की विशद जानकारी गुरु अपने शिष्यों को दिया करते थे। इसलिए उस समय के तालीमयाफ़्ता फ़नकारों की जड़ें गहरी और पुख़्ता हुआ करती थी।

भीमसेन दुर्धर्ष रियाजी थे और गुरु पर उन्हें अगाध श्रद्धा और अपार भक्ति थी। इस वज़ह से सवाई गन्धर्व के वह सबसे प्रिय शिष्य थे। गुरु से उनका प्रगाढ़ लगाव और उनकी प्रगति देखकर सन् 1940 में कुछेक प्रतिस्पर्धियों ने

ईर्ष्यावश सवाई गन्धर्व के दिलोदिमाग़ में उनके विरुद्ध ज़हर घोलना शुरू कर दिया जिसके चलते गुरु-शिष्य के बीच गलतफ़हमी इस क़दर पैदा हो गयी कि उनकी तालीम का सिलसिला बन्द हो गया।

इन समस्त व्यवधानों के बावजूद गुरु के प्रति भीमसेन की श्रद्धा-भक्ति यथावत बनी रही। आजन्म अपने गुरु के प्रति वह समर्पित और श्रद्धावान रहे। वह कहा करते थे कि, 'अगर फिर मौका मिले तो सवाई गन्धर्व से ही मैं सीखना चाहूँगा।' वह कहते थे, 'मेरे गुरुवर्य सवाई गन्धर्व मुझे पुत्रवत मानते

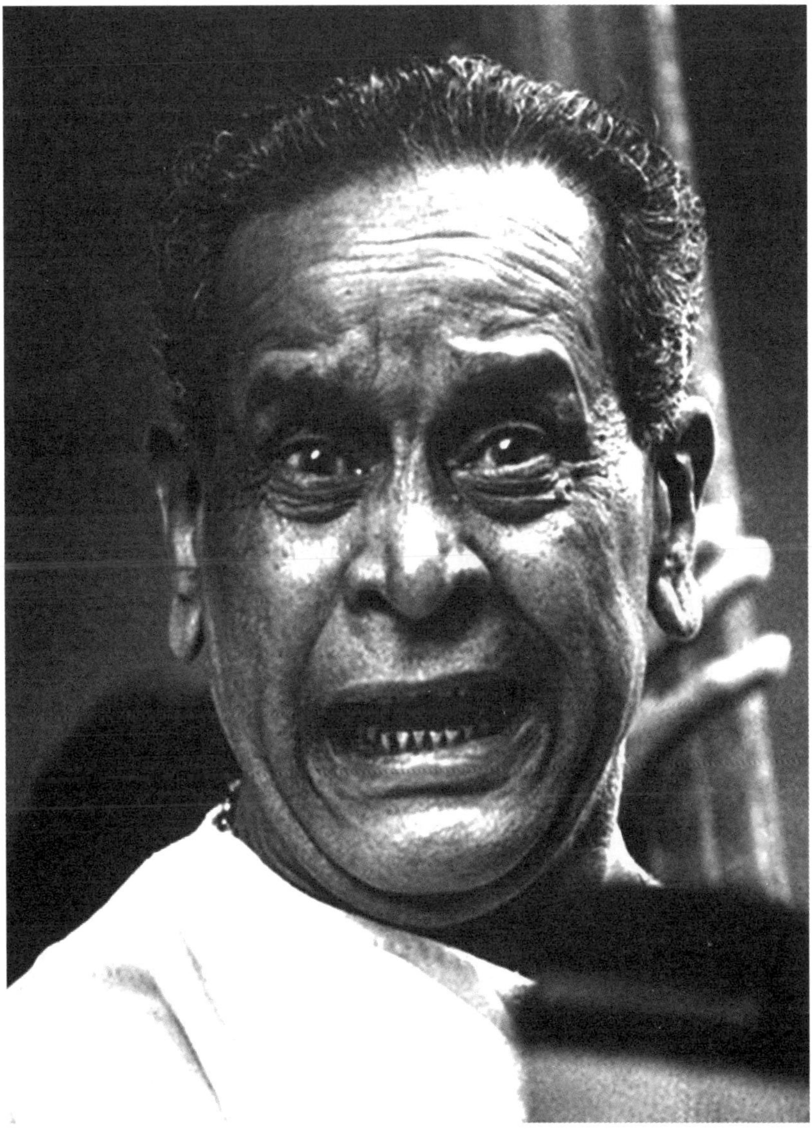

कण्ठ सङ्गीत में वीभत्स रस का प्रदर्शन। प्रस्तोता : भीमसेन जोशी।

सौजन्य : अविनाश पसरीचा।

और सिखाते रहे।' गुरु के प्रति इसी निष्ठा और समर्पण के कारण सन् 1953 में उन्होंने पुणें में 'सवाई गन्धर्व सङ्गीत महोत्सव' की शुरुआत अपनी देखरेख तथा अपने संचालन में की। गुरुवर्य से मिली प्रतारणा को वह गुरु प्रदत्त 'प्रसाद' और वरदान मान कर अपने को धन्य मानते रहे।

भीमसेन के जीवन की दिशा बदलने में या यों कहिए कि जीवन को एक निर्णायक मोड़ पर ला खड़ा करने में जालंधर शहर की अहम भूमिका रही। तब भीमसेन गुरु की तलाश में भटकते हुए जालंधर पहुँचे जहाँ मंगतराम नामक एक शौकिया ध्रुपद गायक अन्धे सेठ के यहाँ अपनी सङ्गीत पिपासा बुझाने के लिए सीखने के लोभ से चाकरी करने लगे। इसका विवरण तो ऊपर दिया जा चुका है। यहाँ उल्लेखनीय है कि उस सेठ गायक से उन्हें सङ्गीत की गूढ़ जानकारी मिली या न मिली, पर इतना ज़रूर हुआ कि षड्ज और आधारभूत मूल स्वरों को साधने की तरकीब हासिल हुई क्योंकि ध्रुपद में स्वरसाधना बुनियादी महत्त्व की चीज़ होती है।

दूसरे, इसी जालंधर शहर में एक दिवस भीमसेन का विनायक बुआ पटवर्धन से सम्पर्क हुआ, जिनकी कृपा से उन्हें मनचाहा गुरु का सान्निध्य, मार्गदर्शन और पुख़्ता तालीम हासिल हुई।

इन सारी बातों की चर्चा मैं कर चुका हूँ। पर यहाँ जालंधर और विनायक बुआ की चर्चा फिर से इसलिए कर रहा हूँ कि एक अहम सवाल मेरे दिलोदिमाग़ में मँडरा रहा था जिसका खुलासा आवश्यक हो गया।

जब मैंने गुरुवर्य विनायक बुआ से पूछा कि, 'पण्डित जी, आप स्वयं चोटी के घरानेदार गायक होते हुए भीमसेन जोशी को सवाई गन्धर्व को क्यों सुपुर्द किया?' तो हँसते हुए मेरी जिज्ञासा का समाधान करते हुए बुआ साहब ने कहा, 'बेटा, तुमने बड़ा अच्छा सवाल किया। जब जालंधर में भीमसेन को सेठ के घर में गाते हुए सुना तो मुझे ऐसा लगा कि एक गायक के रूप में उसका सही निर्माण और विकास किराना घराना में ही हो सकता है और पूरी तरह उसकी आवाज़ खिल सकेगी वर्ना बढ़िया शागिर्द छोड़ता कौन है।' बुआ साहब की ईमानदार सोच और पैनी परख से मैं अभिभूत हो गया कि कैसे गुरु लोग थे कि ऐसी गहरी सोच और परख रखते थे। और निःस्वार्थ भाव से अपने समय की युवा पीढ़ी का सही मार्गदर्शन करके प्रोत्साहित किया करते थे। अब न वैसे सङ्गीतज्ञ रहे और न भीमसेन सरीखे प्रशिक्षार्थी।

बुआ साहब की पूरे देश में एक उदार चित्त कलाकार और विद्यादानी गुरु के रूप में बड़ी ख्याति थी। इसलिए उस्ताद बड़े गुलाम अली ख़ाँ की पट्टशिष्या

विदुषी मीरा बनर्जी की सलाह पर विनायक बुआ की शरण में यह नाचीज़ गया जहाँ मुझे वह सब कुछ मिला जो सङ्गीत की पेशेवर दुनिया में सहज ही आसानी से नहीं मिलता है। मुझसे गुरु के रूप में बुआ ने न किसी तरह की अपेक्षा रखी और न कभी कुछ मांगा—मुक्त हस्त से देते ही रहे। कलियुग में, इस बाज़ारवाद के ज़माने में ऐसे आदर्श गुरु का मिलना शिष्य के लिए परम सौभाग्य ही नहीं, वरदान है। विशुद्ध परम्परावादी होते हुए भी बुआ साहब रूढ़ नहीं थे। तालीम देते वक़्त पुरानी पीढ़ी के गुरुओं की तरह वह सख़्ती नहीं बरतते थे—बड़े प्यार से बताते थे जो सहज ही समझ में आ जाता था।

वह कैसे गुरु और परीक्षक थे, प्रस्तुत दृष्टान्त से पता चलता है। एकबार कलकत्ते में बुआ परीक्षा ले रहे थे। मैं भी उनके साथ था। एक युवा महिला प्रशिक्षु से उन्होंने पूछा कि, 'भैरवी गा सकती हो?' इतने बड़े प्रशिक्षक—गुरु के सामने वह डर गयी थी। तो सरगम में बुआ ने भैरवी के आरोह-अवरोह को गाया और पूछा, यह कौन-सा राग है? सहमते हुए वह प्रशिक्षु बोली, 'भैरवी'। प्रसन्न होकर विनायक बुआ ने कहा, 'तुम तो जानती हो, फिर घबरा क्यों रही हो?' गाओ खुले गले से गाओ।'

मैंने गुरुवर्य से कहा, 'बुआ साहब, आपने तो खुद गा कर बता दिया, तो यह कैसी परीक्षा हुई?' उन्होंने हँसते हुए जवाब दिया, 'परीक्षा लेने का अर्थ यह नहीं होता कि परीक्षार्थी को परेशान किया जाय, बल्कि उसके भय को दूर करके जो झिझक उसके मन में बैठा था उसे दूर करना ताकि निडर होकर वह गा सके।' कैसे गुरु और प्रशिक्षक थे, बुआ साहब—कितने ऊँचे ख़्यालात थे उनके कि परीक्षार्थी के लिए परीक्षा को सरल और सुगम बना दिया। मैं तो उनकी सोच और परीक्षा लेने के ढंग का क़ायल हो गया। ऐसी सोच-समझ और खुले विचार रखने वाले गुरु का मिलना और उनसे मार्गदर्शन प्राप्त करना शिष्य के लिए बहुत बड़ी उपलब्धि है।

सङ्गीत में जो भी मेरी समझ, सोच और नज़रिया है सब उन्हीं विनायक बुआ की देन है, 'गुरु ने दीन्ही ज्ञान की अमृत मोल जड़ी', 'जिसे पाकर मैं निहाल हो गया। और विधि की बिडम्बना तो देखिए कि एक लम्बे अन्तराल के पश्चात् जालंधर के 'हरिवल्लभ सङ्गीत समारोह' में गाने के लिए भीमसेन जोशी को न्योता मिला। इस तरह जोशीजी को दोहरी उपलब्धि हासिल हुई—विनायक बुआ सरीखा 'मेन्टर' (Mentor) इसी जालंधर में मिला और इसी जालंधर शहर से उनके साङ्गीतिक जीवन का सूरज उगा।

सन् 1948 ई. के उक्त सङ्गीत समारोह में रसिकों का ऐसा मन मोहा कि हमेशा के लिए उनके चहेते बन कर रह गये। जालंधरवासियों के दिलों में उनकी खास जगह बन गयी। जब भी हरिवल्लभ सङ्गीत समारोह में भीमसेन होते तो

फिर दूसरे सङ्गीतकार कितने ही नामीगिरामी क्यों न हो, वे केवल जोशीजी को ही सुनना पसन्द करते थे।

उन दिनों भीमसेन जोशी बहुत ही कठिन दौर से गुज़र रहे थे। उनकी पत्नी (कमला जी) उन्हें शराब छुड़वाने के लिए पीछे लगी रहतीं और हर जगह कार्यक्रमों में उनके साथ होती थीं।

उन्हीं दिनों का वाक़या है, जब 'हरिवल्लभ' में भीमसेन जोशी को बुलाया गया था। उक्त सङ्गीत समारोह में मशहूर सितारनवाज़ उस्ताद रईस ख़ाँ भी थे। अपनी आदत से लाचार जोशीजी एकाएक दो शागिर्दों को लेकर पीने के लिए गायब हो गये। किसी को भी पता नहीं कि वह किधर गये। ऐसी स्थिति में आयोजकों के सामने विकट समस्या खड़ी हो गयी कि पण्डाल में उपस्थित बीस हज़ार श्रोताओं के समक्ष किसे पेश किया जाय। इस ऊहापोह की स्थिति से उबरने के लिए आयोजकों ने रईस ख़ाँ से विनती करके उन्हें बजाने के लिए राजी कर लिया।

रईस ख़ाँ ने आयोजकों का विनम्र आग्रह स्वीकार करके अपना वादन शुरू किया। अभी उनका वादन शुरू ही हुआ था कि अचानक शोरगुल सुनायी पड़ा। ख़ाँ साहब ने अपना वादन जारी रखा यह समझ कर कि श्रोताओं पर उनके वादन का रंग चढ़ रहा है। पर इतने में स्टेज के दाहिने तरफ़ के पैसेज से भीमसेन जोशी नज़र आए—शोरगुल की वज़ह यही थी कि श्रोताओं ने उन्हें देख लिया। आयोजकों को लगा कि यदि पण्डित जी को श्रोताओं की नज़र से दूर नहीं किया गया तो पण्डाल में बवाल मच जायगा। कम-से-कम सितार वादन खत्म होने तक किसी तरह जोशीजी को श्रोताओं से ओझल रखा जाय।

इतने में दो अनहोनी बातें हो गयीं—एक तो रईस ख़ाँ के सितार का तार टूट गया और दूसरे, भीमसेन दूसरी बार स्टेज के बायें पैसेज से प्रकट हुए। फिर क्या था, उन्हें देखते ही पूरा पण्डाल तालियों की गड़गड़ाहट से गूँज उठा। रईस ख़ाँ ने समझा कि उन्हें सुनकर श्रोता खुशी ज़ाहिर कर रहे हैं। अब तक टूटा तार लगाने में ही वह लगे थे। अभी तक उन्हें हालात का सही जायज़ा नहीं मिला। पर श्रोताओं के बढ़ते हंगामे से अन्ततः उन्हें हक़ीक़त समझ में आयी। उन्होंने हाथ जोड़ कर श्रोताओं से माफ़ी माँगते हुए कहा, 'अगरचे आप सुनना चाहेंगे तभी वह बजावेंगे अन्यथा स्टेज से विदा हो लेंगे।' पर श्रोताओं पर तो भीमसेन का भूत सवार था—वे चिल्ला उठे, 'अब हम पण्डित जी को सुनना चाहते हैं—केवल पण्डित जी को।' आप अन्दाज़ा कीजिए कि जालंधर के श्रोताओं पर भीमसेन जोशी का कितना ज़बर्दस्त असर था।

The craze was not for a singer of filmland, but for a 'Khyalia',a traditional gharanedar pure classical vocalist. Just imagine the height of popularity and attainment of a

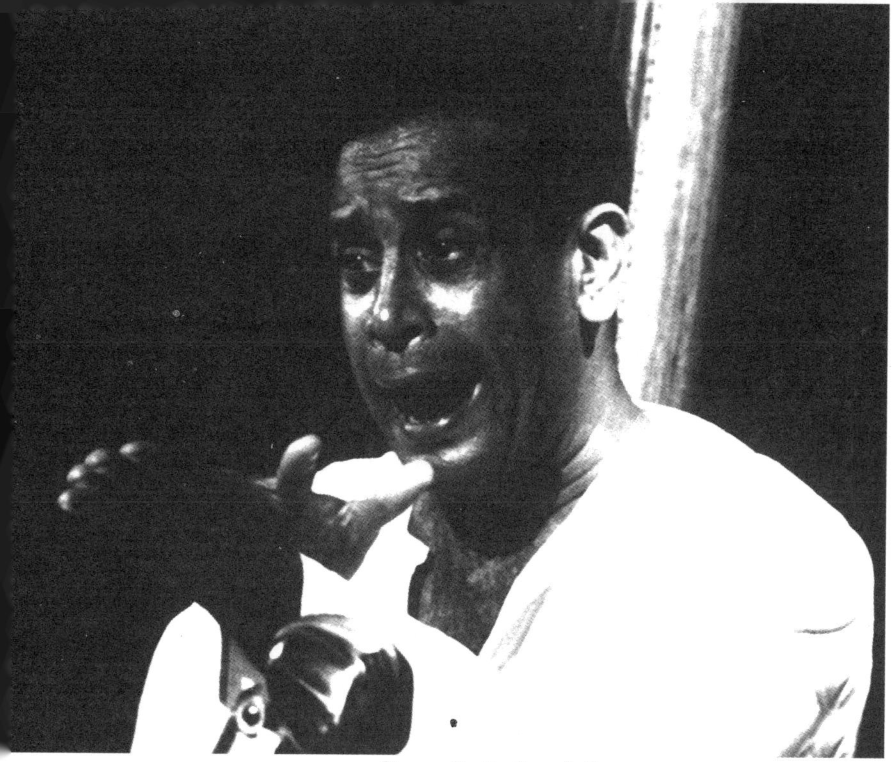

भावप्रवण में मुद्रा में भीमसेन जोशी।

सौजन्य : रंजन कुमार।

dassical musician and that was non else but Pandit Bhimsen Joshi who reigned over the thousands and thousands of listeners all over the country.

जालंधर के हरिवल्लभ सङ्गीत समारोह की क़ामयाबी भीमसेन के साङ्गीतिक जीवन का उल्लेखनीय मोड़ था जहाँ से पलट कर उन्होंने पीछे नहीं देखा। और निरन्तर सफलता के सोपान चढ़ते चले गये उस सर्वोच्च शिखर पर जब भारत सरकार ने सर्वोच्च नागरिक अलंकरण 'भारत रत्न' से उन्हें अलंकृत किया। संघर्ष और कड़ी मेहनत जो मजबूरी की भित्ति पर नहीं बल्कि उत्कट अभिलाषा, अतृप्त लालसा, लक्ष्य को पाने की अटूट लगन, इच्छा शक्ति, आस्था और निष्ठा पर टिका जुनून हो तो उसका रंग कुछ ज़्यादा ही सुर्ख-गाढ़ा होता है—उसमें न मिटने वाली चटक होती है—उस चटक से लैस यह उपलब्धि भीमसेन की आखिरी साँस तक बनी रही—क़दमबोसी करती रही जब सन् 2007 ई. में पुणें के 'सवाई गन्धर्व सङ्गीत महोत्सव' में पूरे दमखम-ओ-जोशोखरोश के साथ ख़्याल व गुरु सवाई गन्धर्व द्वारा स्वरबद्ध किया हुआ 'अभङ्ग'—'फणी धाव आला पाण्डुरंगा' गाकर अपनी श्रद्धा-भक्ति की 'स्वरांजलि' का अर्घ्य गुरुवर्य को चढ़ा कर उन्होंने 'गुरु दक्षिणा' देने का गुरु-शिष्य परम्परा के तहत स्तुत्य और अनुकरणीय दृष्टान्त प्रस्तुत किया—शायद उस स्वर साधक को इस बात की भनक लग गयी थी कि, 'मर्त्यलोक में उनके सुरों का सफ़र ख़त्म होकर गन्धर्वलोक की 'अनहदनाद्' की अखण्ड यात्रा शुरू होने वाली है, इसलिए गुरु को पूर्णाहुति

स्वरूप अपनी अन्तिम स्वरांजलि चढ़ा जा।' 'सवाई गन्धर्व सङ्गीत महोत्सव' एक समर्पित शिष्य द्वारा निर्मित अपने गुरु का जीवन्त स्मारक है जो सङ्गीतकारों को ही नहीं, सङ्गीतानुरागियों को भी 'गुरु-शिष्य परम्परा' के उच्च आदर्श जिसे भीमसेन जोशी ने अपने जीवन में प्रदर्शित किया, उसकी याद दिलाता रहेगा। 'गुरु बिन ज्ञान कहाँ से पाऊँ, दीजे ज्ञान परम पद पाऊँ।' इसका अनवरत गान भीमसेन आजीवन करते रहे।

जोशीजी ने कभी भी अपने उसूलों, गायन स्तर तथा लोकरंजन के साथ समझौता नहीं किया। इस सन्दर्भ में स्वीडन में हुए 'भारत महोत्सव' में उनकी भागीदारी की घटना मुझे बरबस याद आ रही है। उस महोत्सव में भारतीय सांस्कृतिक सम्बन्ध परिषद् (ICCR) के अधिकारी श्री श्यामल सरकार ने जब उनसे अनुरोध किया कि, 'पण्डित जी, यहाँ के श्रोताओं को मद्देनज़र रखते हुए हल्की चीज़ जैसे ठुमरी आप सुनायेंगे तो अच्छा रहेगा' इस पर जोशीजी ने पूरे आत्मविश्वास के साथ जवाब दिया कि, 'आप नाहक चिन्ता करते हैं, सरकार सहाब! इत्मीनान रखिए मैं सँभाल लूंगा।' और उन्होंने निर्धारित पचीस मिनटों में राग पूर्वी का इस तन्मयता और भाव प्रवणता के साथ ख़्याल गाया कि उनकी क़रिश्माई प्रस्तुति से आह्लादित स्वीडिश श्रोता गायन समाप्त होने के पश्चात् दस मिनटों तक उठकर तालियाँ बजाते अपना हर्षोल्लास व्यक्त करते रहे। गायक का यह जो आत्मबल और विश्वास होता है वह उसे हमेशा क़ामयाबी दिलाता है। इसमें ज़रा भी शक-ओ-शुबहा की गुंज़ाइश नहीं।

शास्त्रीय सङ्गीत में प्रस्तोता के लिए पहली शर्त होती है कि वह किसी भी क़ीमत पर समझौता न करे। जोशीजी ने जीवनपर्यन्त इसका निर्वाह किया। जिस ज़माने में वह काफ़ी पीया करते थे और 'दुख़्तरे रज़' के आगोश में नशे में धुत्त कभी-कभार ट्रैक से फिसल भी जाते थे, फिर भी श्रोताओं के चहेते बने रहे। अटूट आस्था और दुष्कर साधना का ही प्रतिफल था कि स्वातन्त्र्येत्तर भारत में उन जैसा हर तबक़े में लोकप्रिय शास्त्रीय गायक दूसरा नहीं हुआ।

अपने साङ्गीतिक जीवनकाल में मैंने दो गवैयों को नशे की हालत में गाते देखा—सुना और ऐसा सुना कि क्या मज़ाल कोई दूसरा गवैया या बजवैया वैसा रंग लगा सका कभी। ये दोनों सङ्गीत-सरस्वती के लाडले थे, दिल्ली घराना के उस्ताद नसीर अहमद ख़ाँ और किराना घराने के पण्डित भीमसेन जोशी—हिन्दुस्तानी सङ्गीताकाश के दो चमकते-दमकते अनमोल सितारे।

मैंने कहीं पड़ा था कि, 'कहते हैं एक न एक ऐब हसीनों में भी हुआ करता है।' जोशीजी जैसे धुरन्धर गायक में अगरचे कोई ऐब था तो वह उनका 'दुख़्तरे रज़' से इश्क़ (सुराप्रेम) इस सन्दर्भ में स्वरसम्राज्ञी लता मंगेशकर ने स्वयं अपना

अनुभव सुनाते हुए कहा कि, 'कभी-कभी देर रात गये फोन की घंटी बजती—इस बेवक़्त में कौन शहनाई बजा रहा है? झल्लाती हुई रिसीवर उठाती हूँ—उधर से मेरे बाबा (पिता दीनानाथ मंगेशकर) के नाट्यगीतों का गान सुनायी देता है, 'सुरा मी बन्दिले', आवाज़ पहचानने की ज़रूरत नहीं—ऐसी आवाज़ एक ही है—देर रात तक भीमसेन मेरे बाबा का सङ्गीत सुनाते रहते और मैं 'वाह-वाह' करती रहती।' इससे पता चलता है कि सुरा से अधिक उन पर सुर का नशा चढ़ा रहता था। वास्तव में सुर का नशा सब नशाओं से गाढ़ा होता है, 'जहाँ न चढ़े दूजो रंग'।

वस्तुतः भीमसेन को सुरा प्रेम नहीं था। अनपेक्षित तनावपूर्ण पारिवारिक माहौल के चलते तनावग्रस्त भीमसेन उससे उबरने के ख़ातिर शराब का सहारा लेने लगे थे जो धीरे-धीरे आदत बन गयी। नशे की हालत में भी कोई गा सकता है—वह भी सुर और लय में पगा—यह कोई क़रिश्मा नहीं था बल्कि उनके हर पल सुर और लय में लिप्त रहने के कारण ही ऐसा सम्भव हो पाता था—सही मायने में उनका शरीर 'गात्रवीणा' था जो निरन्तर बजता रहता था।

'मल्लिकार्जुन मंसूर मेरे घराने का 'अर्जुन' हैं, ऐसा अल्लादिया ख़ाँ साहब कहा करते थे। ठीक उस तरह भीमसेन जोशी किराना घराने के 'भीम' थे। इन 'अर्जुन' और 'भीम' दोनों ने अपने-अपने घरानों की गायकी को जिन बुलन्दियों-ऊँचाइयों पर पहुँचाया, उनकी तरह का कोई दूसरा, 'अर्जुन' और 'भीम' हो सका क्या? तो सुरा भीमसेन के लिए प्रेम नहीं बल्कि तात्कालिक राहत पहुँचाने का बहाना मात्र था—यह सतही था, क्योंकि भीमसेन हर पल सुरलोक में ही विचरते और उसाँसें भरते रहते थे।

'It was just a temporary phase which he at least left forever in the last phase of his life. What was remarkable that even in the durnken stage he never did any undesirable act to hurt any body or even showed any vulgarised gesture and posture or uttered any abusive or unpleaseant word.' ऐसा कोई परम-स्थिति को प्राप्त स्थितप्रज्ञ साधक ही कर सकता है।

सरल, सहज, शान्त चित्त, मितभाषी और धीर गम्भीर भीमसेन जब मंच पर होते तो उनकी एक अलग ही छवि उभर कर प्रकट होती थी—यह छवि थी एक सधे हुए गायक की—प्रस्तुति में दबंगता, स्फूर्ति और उल्लास, पर रस और भाव में पगी हुई ऐसी जो सहज ही श्रोताओं को अपनी गिरफ़्त में बांध लेती थी। और अपने साथ सुरों के अविरल प्रवाह में बहा ले जाती थी—अकल्पनीय, अकथनीय और अनिर्वचनीय होती उनकी प्रस्तुतियों की भाववाही रसमयता।

'Some one has very aptly summed up in his writings that his flamboyance was so much a part of his music as it was

of his personality. There was a corn of pristine simplicity behind the mask of the 'public artist' that he wore for that last moment of his illustrious singing career.

In nut shell I will like to sum up as, 'Pandit Bhimsen Joshi's multifaceted musical personality as his life has strange tale to tell the tale of poverty, of an endless search for guru, of painstaking effort to create a popular classical style without taking any liberty to denigrate the classical values and traditional fervour of raga sangeet, of a preoccupation with the savants of the country with the

ख्यातनाम ध्रुपदगायक पण्डित रामचतुर मल्लिक के साथ अन्तरंग बातचीत करते पण्डित भीमसेन जोशी।

bottle that cheers of breath taking achievement of running away- only to return and child and saint like humility that is the stuff of the creative all over world.'

शान्त, गम्भीर प्रकृति भीमसेन विनोदी भी कम नहीं थे–Let us see how witty he was even his sense of wit and humour was very subtle. एक महान सङ्गीतज्ञ के बहुपक्षीय व्यक्तित्व का जब आकलन, विश्लेषण और मूल्यांकन करने बैठा हूँ तो उसके विनोदीस्वभाव की चर्चा भी लाज़िमी है।

किसी महफ़िल में वह गा रहे थे। जब ख़्याल सुना चुके तो श्रोता उनसे ठुमरी सुनाने की फ़रमाइश कर बैठे। आग्रहवश ठुमरी पेश करने से पहले वह बोल पड़े, 'भई मैने तो दो ही ठुमरियाँ सीखी जो मेरे दादा गुरु अब्दुल क़रीम ख़ाँ साहब को बहुत प्रिय थी। पहली ठुमरी है, 'पिया बिन नाहिं आवत चैन' यानी बिना पीये मुझे चैन नहीं आती और जब पी ली तो आप 'पिया तो मानत नाहिं'– यह सुनकर श्रोताओं ने जोरों का ठहाका लगाया जिसमें एक ठहाका उनका भी मिल कर एक हो गया। इसके बाद उन्होंने बारी-बारी से झिंझोटी और काफ़ी की दोनों ठुमरियाँ रसीली अदाकारी से सुनायीं। सुनने वाले रसिया उन पर लट्टू। कितनी बारीक और सटीक विनोदप्रियता थी, भीमसेन की।

विनोदप्रियता, सहृदयता और खुशियाँ तो कलाकार में कूट-कूट कर भरी होती हैं। और हास्य-विनोद इन्सान के भीतर की स्वच्छता को ही उद्‌भासित करते हैं। फिर भीमसेन की कोटि का गायक इससे अछूता कैसे रहता।

पण्डित रामचतुर मल्लिक का मानना था कि, 'जो ध्रुपद जानता है वही ख़्याल और ठुमरी भी बढ़िया गा सकता है।' ठीक उसी तरह मुझे लगता है कि जो गम्भीर प्रकृति का होता है, उसके भीतर विनोद भरा होता है। और उसका विनोद बड़ा ही सटीक होता है जैसे कि भीमसेन जी के विनोद और हास्य में भी रस भरा होता था जिसके फलस्वरूप उनकी प्रस्तुतियाँ चाहे ख़्याल की हों कि ठुमरी कभी नीरस और बेअसर नहीं होती थी। तब के गम्भीर प्रकृति के सङ्गीतकारों में भी विनोदप्रियता खूब होती थी जो उनकी प्रस्तुतियों को रसीली और चोटीली यानी दिल पर चोट करने वाली बनाती थी।

भीमसेन जोशी हालाँकि विदेशों में भी गये पर स्वदेश के प्रति उनका लगाव-जुड़ाव-अनुराग ऐसा था कि कभी पैसों के खातिर या सस्ती लोकप्रियता बटोरने या पब्लिसिटी के लिए विदेशी मुल्क़ों का चक्कर लगाना उन्हें रास नहीं आया।

यूँ तो अमेरिका-यूरोप आदि कई देशों का भ्रमण किया, किन्तु विदेशों में किये गये अपने कार्यक्रमों में अफ़गानिस्तान के शाह ज़हीर की मेहमाननवाज़ी और महफ़िल की वह विशेष रूप से चर्चा करते थे। भीमसेन बताते थे कि,

'शाह ज़हीर राग सङ्गीत के प्रेमी ही नहीं पारखी भी थे—खास कर उस्ताद अब्दुल क़रीम ख़ाँ के वह फैन थे।'

अफ़गानिस्तान की शहज़ादी ऑक्सफोर्ड युनिवर्सिटी में पढ़ती थीं। वहाँ उन्हें जोशीजी का गाया ललित और शुद्ध-कल्याण का लांग प्ले डिस्क सुनने को मिला—रिकार्ड सुनकर वह इतनी प्रभावित हुईं कि अपने वालिद शाह ज़हीर को लिख भेजी कि, 'काबुल राजप्रासाद में जोशीजी को आमंत्रित करके उनकी खास महफ़िल सजायी जाय।'

इसी बीच ऐसा संयोग हुआ कि भारतीय सांस्कृतिक सम्बन्ध परिषद् (ICCR) द्वारा काबुल भेजे जाने वाले सांस्कृतिक शिष्टमंडल का मान्य सदस्य होकर भीमसेन जोशी को काबुल जाने का सुयोग प्राप्त हुआ। काबुल के दौरे ने उन्हें दोहरे सम्मान से नवाज़ा जबकि काबुल राजमहल में शाह ज़हीर ने विशिष्ट अतिथियों की उपस्थिति में शाही मेहमान के रूप में पण्डित जोशी की खास महफ़िल शाही अन्दाज़ में बड़े शानोशौकत के साथ सजवायी। मेज़बान शाह ने उन्हें सम्मान स्वरूप काबुल में बने खास तरह का गलीचा और दुशाला देकर सम्मानित किया। काबुल पैलेस में स्वागत-सम्मान और शहाना मेहमाननवाज़ी का ज़िक्र विशेष रूप से जोशीजी बड़े फ़ख्र से करते थे। स्वाभाविक ही है, राजप्रासादों-रजवाड़ों में हिन्दुस्तानी सङ्गीत का जैसा भव्य शृंगार किया जाता रहा उससे भीमसेन भलीभाँति अवगत थे। इतिहास साक्षी है कि सामन्तवादी व्यवस्था में राजे-महाराजे-नव्वाब-ज़मींदारों ने शिल्प-कला, सङ्गीत-साहित्य को जैसा और जितना प्रोत्साहन दिया कि वर्तमान में उसकी कल्पना नहीं की जा सकती। वे सामन्त स्वयं चोटी के सङ्गीतकार तथा साहित्यकार हुए।

जोशीजी के शौक़ या हॉबीज (Hobbies) भी अज़ीबोगरीब थे—बेहतरीन विदेशी कार रखना और चलाना, क्रिकेट मैच देखना, और अंग्रेज़ी फ़िल्मों का उन्हें बेहद शौक़ था। मोटर गाड़ियों के शौक़ के बारे में बक़ौल लताबाई 'सङ्गीत में तो उसाँसें भरते ही थे, किन्तु 'अन्ना' (लता जी इसी सम्बोधन में उन्हें सम्बोधित करती थीं।) का दूसरा पसन्दीदा शौक था, गाड़ियों का—विभिन्न मॉडेल की गाड़ियाँ चलाना उन्हें पसन्द था—वह फास्ट ड्राइव का मज़ा लेते थे। मेरे पिताजी की पुण्य तिथि पर गाने के लिए उन्हें मुम्बई आना था, पर उससे पहले एक महफ़िल में उन्हें गाना था, उक्त कार्यक्रम की जगह मुम्बई से बहुत दूर थी। किन्तु अन्ना उस प्रोग्राम को पूरा करते हुए मुम्बई समय पर पहुँच गये। मैं कहीं विमान से जाती हूँ तो भी एक घंटा विश्राम करके ही गाने के लिए जाती हूँ—यहाँ तो एक महफ़िल में दो-तीन घंटे गाकर थोड़ा भी आराम नहीं करके पण्डितजी बैठ गये गाने के लिए—मेरे लिए तो ऐसा करना कल्पनातीत है।' उनके निधन पर लता मंगेशकर ने कहा था, 'हिन्दुस्तानी सङ्गीत की दुनिया

से सचमुच 'स्वर सूर्य' अस्त हो गया।'

देश के सुदूर स्थानों में आयोजित अपने कार्यक्रमों में वह स्वयम् ही कार ड्राइव करते हुए पहुँचते और बगैर विश्राम किये पूरी ताज़गी के साथ गाकर लौटते थे। जिन्दादिल भी वह कमाल के थे, तभी तो मज़ाकिया लहज़े में कहते, '...मुर्दादिल क्या खाक जिया करते हैं। 'वैसे सादा भोजन, सादा लिबास, सादा रहन-सहन और सादा जीवन जीने के वह आदी थे। इस तरह एक साधारण इन्सान पर असाधारण कलाकार थे।

आज वह हमारे बीच नहीं हैं, तो वामन हरि देशपाण्डे के शब्दों में, 'सृजनात्मक होते हुए भी वह परम्परावादी हैं और अन्तर्मन से एक ख़्याल गायक ही हैं।' भीमसेन जोशी के साङ्गीतिक व्यक्तित्व का यह सम्यक मूल्यांकन उन सङ्गीत-प्रतिभाओं के लिए है जिन्हें उनके पदचिह्नों पर चलते हुए मुक़ाम हासिल करने हेतु दिलोजान से प्रयत्नशील रहना चाहिए।

अपने समकालीन सङ्गीतकारों में से कइयों के साथ जोशीजी का आत्मिक लगाव रहा, जैसे, अमजद अली ख़ाँ, अली अक़बर ख़ाँ और दो अग्रज बिसमिल्लाह ख़ाँ तथा मल्लिकार्जुन मंसूर। इनमें से किसी की भी अस्वस्थता की ख़बर मिलते ही वह बेचैन हो उठते थे। लोग कहते हैं कि गाने-बजाने वाले सामाजिक प्राणी नहीं होते, यह आंशिक रूप से सत्य हो सकता है, क्योंकि कलाकार का अपना 'स्वप्नलोक' होता है जहाँ हर पल वह विचरता रहता है। पर कलाकार भी

सरोदनवाज़ उस्ताद अली अक़बर खाँ के साथ पण्डित भीमसेन जोशी।

सौजन्य : डॉ. सुलभा श्रीखण्डे, पुणे।

इन्सान होता है—उसमें भी संवेदनाएँ होती हैं, भाईचारे का भाव होता है—ऐसा नहीं है कि उसमें मानवीय पक्ष शून्य होता है—भीमसेन जोशी निहायत शरीफ़ अदबी, मिलनसार और मानवीय कोमल भावनाओं से मंडित सहृदय व्यक्ति थे। कलाकार में मानवीय पक्ष उज्ज्वल नहीं होगा तो भीमसेन जोशी की कोटि का कलाकार वह नहीं हो सकता।

मुझे स्मरण है कि सिर्फ़ एकबार वह थोड़ी रुक्षता से मुझसे पेश जाये थे जब सन् 1967 ई. में दशहरे के दिन बाँकीपुर क्लब, पटना में गाने के लिए आमंत्रित किये गये थे। असल में चार बजे अपराह्न में उनका गायन रखा गया था। उसके पहले दस-ग्यारह बजे सबेरे से किशन महाराज और पटना के रसिक मिज़ाज चिकित्सक डॉकर शारदा प्रसाद सिंह के साथ क्लब के बार (Bar) में बैठे दिन भर पीते रहे।

चार बजे ग्रीन रूम में पहुँचे तो बुरी तरह पीये हुए थे—अपनी रौ में थे। मैं उनके गायन की रिकार्डिंग करने के लिए अपना टेप रिकार्डर ले गया था—रिकार्डिंग के लिए जब इजाजत लेने उनके पास गया तो एक-ब-एक वह भड़क उठे। मेरी लाख मिन्नत करने पर भी नहीं माने और रुखाई से मना कर दिया। मुझे लगा कि उस वक़्त उनके दिलोदिमाग़ में गाने की बात चल रही होगी जिसमें मुझसे खलल डालते ही वह गुस्से में आ गये। होता है ऐसा, समय, माहौल और मूड की बात है और फिर कलाकार का अपना मिज़ाज होता है जब उन जैसा कलाकार भी असहज हो जाता है।

कैसी विडम्बना है कि 2008 ई. के बाद से जब वार्धक्य और जरा रोग ने उन्हें अपने शिकंजे में कसना शुरू किया तो बातें करते हुए उनकी ज़ुबान लड़खड़ा जाती और किसी लफ़्ज़ पर अटक कर रह जाती थी—उसे वह गाकर व्यक्त करते थे क्योंकि सङ्गीत उनके रोम-रोम में रचा-बसा था—एक तरह से कह लीजिए कि सङ्गीत उनकी ज़ुबान बन गया था। वाज़िब भी है, गवैये की ज़ुबान उसका गाना ही होता है, यही हक़ीक़त है।

वैसे भी वह बहुत कम बोलते थे—मितभाषी थे। 'आप जितना ज़्यादा जानेंगे जितना ज़्यादा समझेंगे उतना ही कम बोलेंगे—भरी हुई गगरी छलकती नहीं और जो बर्तन खाली होता है वह जोर से खनकता है—'empty vessel sounds much', ऐसा वह कहा करते थे।

राग, राग की प्रकृति, इम्प्रोवाइजेशन (विस्तार), क्रियेटिविटी (रचनात्मकता) तालीम और घरानेदारी को वह बहुत ही सहजता और सरलता, बोधगम्य रूप से समझाते थे। कहते थे, राग का बर्ताव और राग का विस्तार बिल्कुल मौलिक प्रक्रिया है—गुरु द्वारा सिखाई पद्धति से किसी राग को आरम्भ किया जा सकता है, विस्तार पैटर्न भी गुरु द्वारा बताया हो सकता है, लेकिन स्वर का लगाव

यानी लगाना और विस्तार अपना मौलिक होना चाहिए अन्यथा आपको लोग नहीं सुनेंगे। घरानेदारी के विषय में कहते थे, 'एक खास ढंग यानी विशेष शैली में गाने को कई पीढ़ियों तक दोहराना गायकी को घराने का नाम देता है।'

हर घराना के कलाकार के मन के आगे निरन्तर परम्परा की लम्बी गहन गम्भीर पयस्विनी बहती रहती है। इसलिए कोई भी घराना हो, अतरौली-जयपुर अथवा बेतिया या दरभंगा घराने के क्रमिक परम्परागत विकास किस खूबसूरती से नाविन्य और शैलीगत वैभिन्न्य को पा लेता है—किसी एक घराना को लीजिए, किराना को ही लीजिए—घराने के हर तबक़े के प्रस्तोता में एक-दूसरे से भिन्नता दिखती है—अब्दुल क़रीम ख़ाँ, सवाई गन्धर्व गंगूबाई हंगल, भीमसेन जोशी—ये एक-दूसरे की 'कार्बन कॉपी' नहीं हैं—प्रत्येक की गायकी में उसके निजत्व की मुहर लगी होती है। यही घरानेदार गायकी और उसका वैशिष्ट्य एवं रहस्य है।

कितना साफ़ और स्पष्ट था भीमसेन का चिन्तन और उनकी सोच—एक महान गायक न केवल गायक (प्रस्तोता) बल्कि परले दर्ज़े का चिन्तक—दार्शनिक भी होता है। इस धरती पर कलाकार सृष्टिकर्त्ता की सर्वोत्तम कृति होता है। इसलिए उसमें द्रष्टा और सष्टा के गुण निहित होते हैं। पर ऐसे कलाकार विरले होते हैं—भीमसेन जोशी उनमें से एक थे। उनकी दृष्टि साफ़—Crystal clear थी—सोच में कहीं भी अवगुंठन या दुविधा नहीं थी और रचनात्मकता कूट-कूट कर भरी थी।

एक गायक की परिपक्वता किस तरह मुखर होती है उसे भीमसेन बखूबी अपने सधे व्यक्तित्व द्वारा दर्शाते थे। इसे उन्हीं के लफ़्ज़ों में सुनिए, 'राग की दुनिया में जाना और उसमें रहना किसी आत्मीय परिवार में रहने जैसा अनुभव है—इसी तरह मेरे यानी गायक के परिवार का विस्तार होता है।'

जीवन के आखिरी पड़ाव पर पहुँच कर जोशी के सङ्गीतकार ने उन्हें दार्शनिक बना दिया था जब वह बोल उठते थे, 'कण्ठ का काम बहुत हुआ—अब उसे विराम और विश्राम चाहिए। फिर भी, मन है कि कुछ नया चाहता है—यह उसका स्वभाव है—उसके 'आम्यनाय' (पवित्र घर) में केवल कुछ सुर बचे होते हैं और सुरों के 'आम्यनाय' में मौत नहीं होती—विराम नहीं होता, क्योंकि वहाँ कुछ भी बेसुरा नहीं होता।' कलाकार की इच्छाशक्ति और करने की अदम्य लालसा को किस खूबसूरती और सहजता से भीमसेन जोशी व्यक्त कर जाते थे, यह उनके सुलझे हुए व्यक्तित्व को रेखांकित करता है।

जोशी का सम्पूर्ण जीवन संघर्ष का अफ़साना हैं। जब भी उनसे पूछा जाता था कि, 'आपका छुटपन और युवा कठोर अतीत है, तो आपने सुख से कब गाया?' बीच ही में बात काटते हुए कहते, 'केवल बाल और युवावस्था ही नहीं, बाद का समय भी संघर्षपूर्ण रहा।' 'तो आपने सुख से कब गाया?' यह पूछे

जाने पर बड़ी संज़ीदगी से कहते, 'सुख दूसरों यानी सुनने वालों को मिला तो मुझे भी मिला, इसलिए गाता चला गया, कहीं रुका नहीं।' यह जो गायक और श्रोता का तादात्म्य और तारतम्य है—उनके बीच का 'सेतुबन्ध' है, उसे भीमसेन सरीखे गायक ही साकार कर सकते थे और वैसा उन्होंने किया भी—भीमसेन जोशी और श्रोताओं का परस्पर का ऐसा मधुर अविच्छिन्न सम्बन्ध सङ्गीतकारों के लिए अनुकरणीय आदर्श छोड़ गया।

मल्लिकार्जुन मंसूर और भीमसेन जोशी के सङ्गीतकार में काफ़ी साम्य था—एक तो उस माटी का गुण था—दोनों जन्मना धारवाड़ (कर्नाटक) के थे।

भीमसेन की तरह मंसूर को भी सही गुरु की तलाश रही। पन्द्रह वर्ष की अल्पायु में जब मंसूर ने अपना पहला कन्सर्ट प्रोग्राम संत शिवनारायण स्वामी के मठ में दिया तो उक्त आध्यात्मिक गुरु ने उनकी असाधारण गान प्रतिभा से प्रसन्न होकर उनके उज्ज्वल भविष्य की कामना की। इसके पूर्व पण्डित बालकृष्ण बुआ इचलकरंजीकर के शिष्य नीलकंठ बुआ अलूरमठ से मंसूर छह वर्षों तक तालीम लेते रहे। मंसूर को स्टेज पर गाते सुनकर नीलकंठ बुआ ने स्वयं मंसूर को शागिर्द बनाने की पहल की। थियेटर कम्पनी के मालिक मंसूर को इतना चाहते थे कि नीलकंठ बुआ को प्रतिमाह सौ रुपये सिखाने के लिए देते रहे। इस तरह मल्लिकार्जुन मंसूर को ग्वालियर घराने की गायकी की अच्छी तालीम हासिल हुई। पण्डित ओंकारनाथ ठाकुर जब-तब कहा करते थे कि, 'हमने मंसूर को कर्ज के रूप में अतरौली-जयपुर घराने को दान में दे दिया।' गुरु की तलाश में मंसूर मुम्बई पहुँचे जहाँ मराठी रंगमंच और नाट्य सङ्गीत से जुड़े विष्णुपंत पगनीस से उनकी मुलाक़ात हुई जिन्होंने एच.एम. भी. द्वारा बनायी उनकी पहली ग्रामोफोन रिकार्ड सुन रखी थी। पगनीस की अतरौली-जयपुर घराने के ख्यातनाम गायक उस्ताद मंजी ख़ाँ से गाढ़ी दोस्ती थी। उन्होंने मंसूर की रिकार्ड ख़ाँ साहब को सुनायी। सुनकर ख़ाँ साहब प्रभावित हुए। इसलिए जब पगनीस ने मंसूर को ख़ाँ साहब से मिलवाया तो उन्होंने तुरन्त शागिर्द के रूप में मंसूर को क़ुबूल कर लिया। पर अभी दो साल ही हुए थे मंसूर को उस्ताद मंजी ख़ाँ से तालीम लेते हुए कि अचानक ख़ाँ साहब का असामयिक निधन हो गया। गुरु से जुदाई मंसूर के लिए असह्य मर्मान्तक पीड़ा थी। गुरु के बिना वह हताश हो गये थे कि जल्द ही मंजी ख़ाँ के अनुज भूर्जी ख़ाँ उन्हें गुरु रूप में मिल गये। मंसूर की प्रतिभा को सही दिशा में तराशने में उस्ताद भूर्जी ख़ाँ ने अहम भूमिका निभायी। यद्यपि मंजी ख़ाँ की तरह उनकी आवाज़ में लालित्य नहीं था, पर अल्लादिया ख़ाँ घराने के अनूठे रागों और 'चीज़ बन्दिशों' का उनके पास ख़ज़ाना था। एक लम्बी अवधि तक भूर्जी ख़ाँ से मंसूर को मार्गदर्शन मिलता रहा। जो मंसूर के लिए अत्यन्त ही फलदायक रहा। भूर्जी ख़ाँ जहाँ भी कार्यक्रम

के लिए जाते, अपने प्रिय शागिर्द मंसूर को साथ रखते थे।

इस तरह हम देखते हैं कि भीमसेन और मल्लिकार्जुन मंसूर दोनों के साङ्गीतिक जीवन में बड़ा सादृश्य था। पर भीमसेन हमेशा मंसूर को गुरु तुल्य मानते और उनसे प्रेरणा ग्रहण करते रहे। वैसे गुरु तो एक ही होता है, किन्तु एक गुणग्राही कलाकार के लिए वे तमाम बुजुर्ग कलाकार गुरु समान ही होते हैं जिनसे वह बहुत कुछ सीखता है और अपनी गायकी को परिष्कृत कर उसे समुन्नत बनाता है। भीमसेन ने जीवन पर्यन्त यही किया जिससे उनकी गायकी बुलन्दियों को पा सकी।

वैसे मंसूर साहब से जोशी थे भी बहुत प्रभावित—दोनों जब गाते थे तो सुर और लय की दरिया में डूब जाते थे—ध्यानस्थ हो जाते थे—समाधि लग जाती थी दोनों की, क्योंकि दोनों को सुर में 'नूर' (परम प्रकाश) दिखता रहता था। किसी गायक के गायन का असली आनन्द, माधुर्य की उस रसधारा में डूब कर गोते लगा कर मिलता है जिसे 'भक्ति' कहते हैं—दोनों ने जब भी गाया, जितना भी गाया, जैसे भी गाया, जो कुछ भी गाया, इसी तरह गाया।

जिस तरह से 'अन्ना' (मंसूर) अपने जीवन के अन्त-अन्त तक सौ फ़ीसदी गुणवत्ता के साथ गाते रहे उसी तरह भीमसेन की प्रस्तुतियों में भी कभी शिथिलता नहीं आयी और न आकर्षण घटा, क्योंकि सार्वजनिक मंचों पर भी दोनों के भीतर का गायक नहीं साधक होता था जिसका श्रोता उसके सामने नहीं बल्कि भीतर बैठा रहता था।

दोनों ही साधक थे, पर 'अन्ना' (मंसूर) एक डिग्री ऊपर थे यानी 'सिद्ध औलिया-अलमस्त फक्कड़, इसलिए एक 'सिद्ध' और 'साधक' में जो फर्क होता है वही दोनों में था—यह अन्तर बहुत सूक्ष्म था—समझ लीजिए 'गुड़' और 'चीनी' जैसा।

दोनों ही ख़्याल गायकी की अन्यतम उपलब्धि थे। अतरौली-जयपुर घराने की ख़्याल गायकी की समस्त खूबियों को अपनी वैशिष्ट्यपूर्ण अदाकारी से जिस तरह से मल्लिकार्जुन मंसूर ने उक्त गायकी में रंग भरा उसी तरह किराना गायकी के उत्कृष्टतम प्रस्तोता भीमसेन जोशी ने स्वर प्रधान किराना गायकी में तानकारी-लयकारी और बन्दिश कहने की अदाकारी का वैविध्यपूर्ण समायोजन तथा अन्य घरानों के बेलबूटे लेकर जिस तरह से अपने धागे से कशीदाकारी करके अपनी गायकी की जैसी सजावट की वैसी उनके समकालीन किराना गायकी का कोई अन्य प्रस्तोता नहीं कर पाया। अपने घरानों की ख़्याल गायकी के दोनों ख़्यालिए 'मंसूर' (विजेता) थे। 20वीं सदी के उन तमाम ख़्यालियों के साथ भीमसेन जोशी का नाम जुड़ा रहेगा जिन्होंने ख़्याल गायकी को दशा, दिशा और ऊँचाई दी।

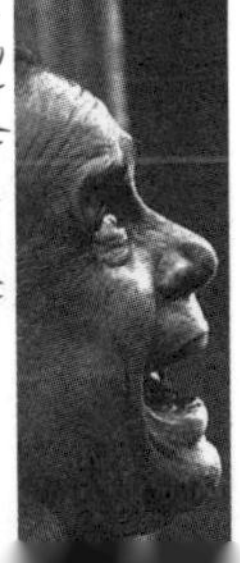

उनका सङ्गीत 'आत्मा के कल्पतरु का सङ्गीत है'—ऐसे रत्नगायक के अवसान से हिन्दुस्तानी सङ्गीत के भण्डार में जो रिक्तता आयी है उसकी तो शायद ही भरपाई हो सकेगी, पर उनके ख़्याल की अस्थाईयाँ—मियाँ की तोड़ी में निबद्ध 'ए री आज शुभ मंगल गाओ...,' ईमन की 'सखी ए री, आज पिया बिन', ईमन-कल्याण की 'श्याम बजाई आज मुरलिया' काफ़ी की ठुमरी 'पिया तो मानत नाहिं' जोगिया में 'पिया से मिलने की आस' भैरवी में विकल कर देने वाली बन्दिश की अस्थाई 'बोली न बोल वो हमसे पिया' जोगिया में 'साधो हरि का भेद न पायो' भक्ति रस से ओत-प्रोत संत तुकाराम का अभङ्ग 'विट्ठल माई बापा', और भैरवी का ही भजन 'जो भजे हरि को सदा'—शास्त्रीय उपशास्त्रीय गेय विधाओं की उनकी ये चन्द बानगियाँ हिन्दुस्तानी सङ्गीत की ऐसी बहुमूल्य दुर्लभ विरासत वह छोड़ गये जो उन्हें सुधी श्रोताओं के दिलों में हमेशा-हमेशा के लिए जीवन्त रखने तथा 'कालजयी' बनाने के लिए पर्याप्त है।

20वीं-21वीं सदी के सङ्गीताकाश के उज्ज्वल नक्षत्रों यानी 'सप्तऋषियों' में भीमसेन सदैव चमकते रहेंगे और हिन्दुस्तानी सङ्गीत में आने वाले दिनों को अपनी साङ्गीतिक दिव्याभा से आलोकित रखेंगे।

'सङ्गीत में सफ़र ही मंज़िल है—सफ़र ही ध्येय और लक्ष्य है', ऐसा भीमसेन जोशी का मानना था—'सङ्गीत यदि अनन्त की यात्रा है तो उसमें विराम कहाँ? वह तो जन्म-जन्मान्तर की यात्रा है'—इसलिए नश्वर शरीर त्याग कर भी भीमसेन अजर-अमर हैं। क्योंकि कलाकार की रूह कभी मरती नहीं-मिटती नहीं और न उसकी 'देन' यानी कृतित्व ही विनष्ट होती है। ऐसे पुण्यात्मा परम सनेही मेरे गुरुवर्य विनायक बुआ को गुरु तुल्य, पथ प्रदर्शक मानने वाले 'गुरु बन्धु' की पावन स्मृति में मुझे एक क़ता याद आ रही है कि,

'गोहर को करती है अश्क़वारी पैदा,
तमकिन को मौज़े बेक़रारी पैदा,
सौ बार चमन में जब तड़पती है नसीम
होती है कली पे इक धारी पैदा।'

भीमसेन जोशी के व्यक्तित्व और कृतित्व पर प्रकाश डालने के क्रम में उनके व्यक्तित्व—उनके निहायत ही भलेमानस तथा उनके सङ्गीतकार का परिचय-मूल्यांकन, उनके साथ बिताए बावन साल के लम्बे साहचर्य के दौरान जो भी जैसे भी मैंने उन्हें समझा और सङ्गीत की दुनिया की अन्य हस्तियों से जो भी उनके और उनकी कला के विषय में जानकारी हासिल हुई उसके आधार पर प्रस्तुत करने की किंचित चेष्टा की।

पर उनके साङ्गीतिक व्यक्तित्व का अनूठा पक्ष जिसकी चर्चा के बिना यह पूरा का पूरा 'भीमसेन कथामृत' अधूरा ही समझा जायेगा। अन्त में उस महत्त्वपूर्ण पक्ष को क्षेपक के रूप में पेश करना चाहूँगा।

पण्डित भीमसेन जोशी ने कई बड़ी सङ्गीतिक हस्तियों के साथ युगलबन्दियाँ भी गायीं। युगलबन्दी की अवधारणा कोई नयी नहीं है। गुज़िश्ता ज़माने में युगलबन्दी गाने की परिपाटी थी। ध्रुपद सङ्गीत की डागर परम्परा में युगलबन्दी होती रही—अल्लाबन्दे-जाकिरुद्दीन ख़ाँ की जोड़ी और परवर्त्ती दिनों में उनके वंशज नसीर मोईनुद्दीन-नसीर अमीनुद्दीन डागर (वरिष्ठ डागर बन्धु) तथा नसीर ज़हीररुद्दीन-नसीर फ़ैयाज़ुद्दीन डागर (कनिष्ठ डागर बन्धु)। ख़्याल गायन में भी हस्सू-हद्दू ख़ाँ (ग्वालियर घराना) की जोड़ी, विनायक राव पटवर्धन और नारायण राव व्यास (ग्वालियर घराना), भास्कर बुआ बखले और अब्दुल्ला ख़ाँ (आगरा घराना), फ़ैयाज़ ख़ाँ और अता हुसैन ख़ाँ (आगरा घराना) फ़ैयाज़ ख़ाँ और हाफ़िज़ ख़ाँ (गुड़ियाने वाले), फ़ैयाज़ ख़ाँ और श्यामा मल्लिक (ध्रुपदिया, बेतिया घराना), मौला बक़्श-अज़ीमबक़्श, अब्दुलक़रीम ख़ाँ-अब्दुलहक़, अब्दुलहक़-अब्दुल मज़ीद ख़ाँ, नियाज़ अहमद-फ़ैयाज़ अहमद—सभी किराना घराना, अमानत अली-फ़तेह अली, आशिक़ अली-उम्मैद अली, अलीबक़्श-फ़तेह अली—सभी पटियाला घराना, नज़ाकत अली-सलामत अली (शामचौरासी घराना), और दिल्ली घराना के नसीर अहमद तथा हिलाल अहमद। इस तरह विभिन्न घरानों में युगलबन्दी गायन की विस्तृत परम्परा रही।

घराना और वंश परम्परा से हटकर भी बड़ी हस्तियों में युगलबन्दियाँ हुईं—फ़ैयाज़ ख़ाँ (आगरा घराना) और हाफ़िज़ ख़ाँ (गुड़ियाने वाले), तथा श्यामा मल्लिक (बेतिया घराना) और फ़ैयाज़ ख़ाँ (आगरा घराना)। इतना ही नहीं इनसे भी पहले तीन भिन्न घरानों के गायकों की तिगलबन्दी भी हुई (जयपुर नरेश राम सिंह के दरबार में)—हद्दू ख़ाँ (ग्वालियर घराना), मुबारक़ अली ख़ाँ (क़व्वाल बच्चे पराना) और दिल्ली पराना के तानरस ख़ाँ।

इस तरह युगलबन्दी गायन की दीर्घ परम्परा है—वर्तमान में मिश्र बन्धु (अमरनाथ मिश्र—पशुपति नाथ मिश्र) और राजन मिश्र एवं साजन मिश्र। एक अनूठी युगलबन्दी बाँसुरी और गायन की हुई—हरिप्रसाद चौरसिया और किशोरी अमोनकर।

मैंने जान बूझ कर यन्त्र सङ्गीत की युगलबन्दी की चर्चा करना मुनासिब नहीं समझा, क्योंकि यहाँ एक गायक के व्यक्तित्व और कृतित्व की चर्चा ही वांछनीय है। ऐसे में यन्त्र सङ्गीत की युगलबन्दी की चर्चा उचित नहीं होती।

यह तो हुई हिन्दुस्तानी सङ्गीत पद्धति के अन्तर्गत गायी गयी युगलबन्दियों की कथा। लेकिन सन्'50 के दशक के बाद के दिनों में दो भिन्न पद्धतियों और

शैलियों के गायकों में भी युगलबन्दी हुई। दो भिन्न पद्धतियों यानी हिन्दुस्तानी और कर्नाटक में जितनी युगलबन्दियाँ मैंने सुनीं उनमें भीमसेन जोशी और एम. बालमुरलीकृष्ण द्वारा गायी गयी युगलबन्दी मुझे सर्वोत्तम लगी।

युगलबन्दी समानधर्मी गायन या वादन विधाओं-पद्धतियों और शैलियों में बेहतर एवं सटीक बन पाती है। क्योंकि उनमें बर्ताव के तरीके समान होते हैं। किन्तु जब दो भिन्न शैलियों और पद्धतियों में वह तभी प्रभावोत्पादक और सफल हो पाती है जब दोनों कलाकार एक-दूसरे पर न्योछावर रहें—उनमें परस्पर का तालमेल हो—जब भी दोनों के 'ईगो' (Ego) में टकराव होगा तो वह राग रंग बदरंग हो कर रागजंग में तब्दील हो जायगा—नासमझों को तो खूब पसन्द आयेगा, पर समझदार तथा संवेदनशील रसिकों को अरुचिकर और उबाऊ लगेगा।

इस परिप्रेक्ष्य में भीमसेन जोशी और एम.बालमुरलीकृष्ण की युगलबन्दी अपवाद कही जायगी। क्योंकि गाते समय दोनों एक-दूसरे की भावनाओं की क़द्र करते दिखे—दोनों की पुरज़ोर कोशिश होती थी कि दोनों के सम्मिलित प्रयास से ही रागछवि निखर कर खूबसूरत सलोना और मनभावन बन सकेगी और श्रोताओं के मानस पर अमिट छाप छोड़ पायेगी। इस दृष्टि से दोनों का संयम, धैर्य, सन्तुलन, अनुशासन, सूझबूझ और परस्पर सहयोग की भावना देखते-सुनते बनती थी।

मुझे दोनों शीर्ष गायकों की युगलबन्दी सुनने के दो अवसर मिले—एक टी.वी. चैनल पर और दूसरा रूबरू जब गोलपार्क कोलकाता स्थित श्रीरामकृष्ण

हिन्दुस्तानी और कर्नाटक सङ्गीत पद्धतियों में युगलबन्दी प्रस्तुत करते हुए पण्डित भीमसेन जोशी और विद्वान एम. बालमुरलीकृष्ण।

इन्स्टीच्यूट ऑफ कल्चर के विवेकानन्द सभागार में दोनों का युगलगान हुआ था।

राग था, 'मालकौंस' जो कर्नाटक सङ्गीत में 'हिण्डोलम्' के नाम से प्रचलित है। इसमें गाया 'ख़्याल' और 'कीर्त्ति' ऐसा था कि लगता था दोनों गायकों की तालीम एक गुरु से हुई हो। 'अस्थाई' की 'कहन' और उसका रख-रखाव तथा बढ़त-विस्तार ऐसा कि प्रेक्षागृह में बैठे सुनकारों के मुख से बरबस 'वाह-वाह' निकल कर हॉल में गूँज जाता था—पूरा सभागार मन्त्रमुग्ध था।

युगलबन्दी गायन का समापन दोनों गायकों ने भैरवी में निबद्ध भजन 'जो भजे हरि को सदा' गाकर किया। रागिनी भैरवी में इस भजन को जब भीमसेन गाते तो 'ब्रह्मानन्द सहोदर' के रूप का दर्शन कराने का अहसास मुखर हो उठता था—पर इसमें बालमुरलीकृष्ण का साथ देने का 'अँदाज़ेबयाँ भी न्यारा-वारा था—दोनों गायक भैरवी के सुरों में डूबकर पीतवसना रागिनी भैरवी से साक्षात्कार करा रहे थे, ऐसा कि आँखों के सामने लगता था 'रागिनी ठड़ी' हो गयी हो—अतुलनीय—भाव और रस में पगा हुआ भक्ति और करुणा का ऐसा प्रवाह कि सुनने वाले निर्निमेष देखते-सुनते रसानन्द का पान करते रहे—विभोर और आह्लादित प्रस्तोता और श्रोता दोनों का उस स्वर-सरिता में डूब जाना और आनन्द लेना—यही तो सङ्गीत की चरम स्थिति होती है। वाक़ई रसिकों के लिए वह एक यादगार रसमय लम्हा था जिसे भुला पाना सम्भव नहीं। प्रस्तुति के दौरान जोशीजी की दबंगता और आक्रामक तेवर शमित रहा—उन्होंने प्रारम्भ से अन्त तक 'स्पोर्टिंग स्पिरिट' (sporting spirit) की अनुकरणीय मिसाल पेश की। हालाँकि गाते वक़्त उनकी मुखाकृति ऐसी गुरु-गम्भीर बनी रही कि सुनने वालों को लगता था कि भीमसेन अब चढ़ बैठेंगे। पर नहीं, उन्होंने अद्‌भुत संयम और एक सधे हुए अनुभवी गायक की परिपक्वता का ऐसा परिचय दिया जिसे सर्वथा श्लाघनीय कहा जायगा—श्रोताओं की आशंका निर्मूल साबित हो रही थी—सब कुछ लासानी। और बालमुरलीकृष्ण तो नन्हे नन्दगोपाल की मृदु मुस्कान बिखेरते हुए गजब का आकर्षण बरपा रहे थे—आनन्दमूर्त्ति बन कर बालमुरलीकृष्ण बैठे और उस नैसर्गिक रससृष्टि और वृष्टि में सहभागिता करते रहे—उनकी सहज मन्द मधुर मुस्कान देखते ही बनती थी जो उस युगलबन्दी को और भी चित्ताकर्षक बना रही थी। नन्द-गोपाल की प्रतिमूर्त्ति बालमुरलीकृष्ण में कहीं भी असहजता नहीं दिखी।

तालीम हासिल करने की उत्कट अभिलाषा और गुरु की तलाश में भीमसेन जैसा संघर्षरत रहे और जैसी यातना उन्हें भोगनी पड़ी, उसके फलस्वरूप उनके गायक और उनकी प्रस्तुतियों में आक्रोश की भावना फूट पड़ती थी, किन्तु यह दबंगता और आक्रामकता हमेशा मर्यादित रही—कहीं भी अपनी भावभंगिमा और गायन से कटुता की लेशमात्र झलक भी उन्होंने प्रदर्शित नहीं की। जब भी वह

मंच पर गाने बैठते तो चाहे एकल प्रस्तुति हो या कि युगलबन्दी, उसे चुनौती मान कर वह गाते थे जिसमें संयम का अपूर्व निदर्शन होता था। जोशीजी के व्यकित्तव और कृतित्व का यह ऐसा पक्ष था जिसने उन्हें महानता के शिखर पर पहुँचा दिया था। इसी वज़ह से कभी भी उन्होंने किसी के लिए अपने मन में दुर्भावना नहीं आने दी। उनके कलाकार का यह वैशिष्ट्य समकालीन एवं समवयस अन्य कलाकारों में कम ही दिखा। उनकी यह खुसूसियत दर्शाती है कि वह सच्चे मायने में एक साधक थे—ऐसा लगता था कि सङ्गीत के लिए ही वह बने थे। यही कारण है कि इस पुस्तक की 'प्रस्तावना' (Preface) में बालमुरलीकृष्ण ने उनके प्रति जैसा उद्गार व्यक्त किया है, वैसा भाव आज के सङ्गीतकारों में कम ही देखने को मिलता है।

दो दिग्गजों की युगलबन्दी सुन कर लगा कि दोनों में कितना अपनापन और सामंजस्य था—कैसा तालमेल था कि जिसे विरल संयोग ही कहा जा सकता है—गंगा-गोदावरी का जैसे अपूर्व मिलन हो रहा हो—अनूठा संगम—बड़ा ही पावन मर्मस्पर्शी दोनों की युगलबन्दी में सङ्गीत की सद्यः प्रवाहित सुरसलिला की कलकल करती मधुर निर्झरणी की ध्वनि प्रतिध्वनित होती दिखती थी जो अनुपमेय थी। विषमता में समता वाली बहुआयामी भारतीय संस्कृति की आत्मा एक है जिसे कहीं ढूँढ़ना नहीं पड़ता था—वह तो हिन्दुस्तानी और कर्नाटक सङ्गीत की इन दोनों महती हस्तियों के युगलगान में सहज ही बखूबी दिखती थी। राष्ट्र की भावात्मक एकता का सबसे कारगर जरिया सङ्गीत है जो उत्तर-दक्षिण-पूरब-पश्चिम सभी को एक डोर में बाँधे रखने का काम करता है।

जोशीजी के बहुपक्षीय साङ्गीतिक व्यक्तित्व का दिग्दर्शन कराने के सन्दर्भ में सङ्गीत की दुनिया के दो अन्य वरिष्ठ हस्तियों और उनके साथ भीमसेन की युगलबन्दी की चर्चा वांछनीय है अन्यथा भीमसेन प्रसङ्ग परिपूर्ण न होकर अपूर्ण ही रह जायगा।

दोनों हस्तियाँ फिल्म सङ्गीत से जुड़ी रही हैं—'स्वर सम्राज्ञी' लता मंगेशकर और फिल्म सङ्गीत की अहम शख्सीयत मन्ना डे (प्रबोध चन्द्र डे), जो दिवंगत हो चुके हैं) ये दोनों न केवल फिल्म बल्कि सम्पूर्ण सङ्गीत जगत के रत्न हैं—थे। दोनों ही सर्वोच्च राष्ट्रीय सम्मान से सम्मानित किये जा चुके। 'भारत रत्न' की विरुदावली लताजी के साथ है तो 'दादा साहब फाल्के अवार्ड' से मन्ना डे विभूषित थे। पर ये दोनों सम्मान उनकी क़द की विराटता के समक्ष लघु हैं। दोनों ही राष्ट्र की धरोहर हैं जिन्हें किसी खास सम्मान के सींकचे में नहीं रखा जा सकता।

हिन्दुस्तानी सङ्गीत के युग पुरुष ख़ाँ साहब बड़े गुलाम अली ख़ाँ की प्यारी लाडली लता मंगेशकर के साथ भीमसेन जोशी की युगलबन्दी की चर्चा कम

दिलचस्प नहीं है। जोशीजी के साथ गायी युगलबन्दी की चर्चा आप लताजी की ज़ुबानी ही सुनें तो बेहतर। ''पण्डित जी को मैं 'अन्ना' कहती थी।'' अन्ना के साथ गाने के लिए मुझे सङ्गीतकार श्रीनिवास खले ने बुला भेजा था—खले जी ग्रामोफ़ोन कम्पनी ऑफ़ इण्डिया में रिकार्डिंग ऑफिसर थे।) उस समय मैं सचमुच घबरा गयी थी। इतने प्रतिष्ठित गायक के साथ गाना, इस कल्पना से ही मेरे हाथ-पाँव काम नहीं कर रहे थे। मैंने खले जी से कहा, 'कहाँ मैं और कहाँ पण्डितजी। आप किसी और से कहें।' परन्तु मैं ही गाऊँ, यह खले जी की ज़िद थी। मेरा डर अडिग था। फिर मैं 'अन्ना' से ही मिली और मन की स्थिति उनके सामने बयान कर दी। अन्ना बोले, 'तुम बिल्कुल चिन्ता मत करो। किसके साथ गा रही हो, यह बिल्कुल मत सोचो।' फिर भी गायन शुरू करते ही मन में डर था ही। पर बाद में इतना आसान लगने लगा कि किशोर, रफ़ी के साथ जितनी सहजता से गाती थी उतनी ही सहजता से गाने लगी। यह अन्ना के व्यवहार से ही सम्भव हो सका। ये इतने विलक्षण व्यक्ति थे कि मुझे लगा कि मैंने अपने पिताजी को पा लिया। यह था, लता मंगेशकर जैसी सङ्गीत की महान हस्ती का भीमसेन जोशी के प्रति सम्मान भाव का उद्‌गार जो अविस्मरणीय है।

क्षेपक का अंत मैं मन्ना डे के साथ फ़िल्म 'वसंत बहार' में गायी युगलबन्दी से कर रहा हूँ—'केतकी गुलाब जूही चम्पक वन फूले, रूत वसंत अपने कंत संग झुलना में बैठ सखी पी के संग झूले', इस बन्दिश के बारे में जोशीजी ने बताया

'भारतरत्न' स्वरकोकिला लता मंगेशकर के साथ 'भारतरत्न' पण्डित भीमसेन जोशी।

कि, 'जब बन्दिश मुझे दी गयी तो मुझे भा गयी और मैंने गाने के लिए हामी भर दी।' इस बन्दिश को गाते हुए जोशीजी 'तार पंचम' तक बड़ी सहजता से चले जाते थे। मन्ना डे ने भी उनके साथ गाने में कोई कसर नहीं रखी, क्योंकि उनकी पूरी तालीम चाचा पण्डित कृष्ण चन्द्र डे (the verteran blind singer of Bengal) से मिली जो अपने समय के जाने-माने शास्त्रीय गायक थे।

युगलबन्दी की बन्दिश की चर्चा करते हुए मन्ना डे कहते थे कि, 'पण्डित भीमसेन जोशी के साथ गाना मेरे जीवन का सबसे दुर्लभ और महत्त्वपूर्ण क्षण था—इस बन्दिश को उनके साथ गाने के लिए मैं तक़रीबन पन्द्रह दिनों तक पुणें में उनके साथ रहा और जी तोड़ मेहनत की। यह तो उनका बड़प्पन था कि मेरे सरीखे एक फिल्मी गायक के साथ गाने के लिए उन्होंने बगैर ना-नुकुर किए सहमति दे दी। और अपने साथ मुझ नाचीज़ को ऐसे गवा लिया कि युगलबन्दी यादगार बन कर अमिट छाप छोड़ गयी। बड़े कलाकार की यही तो पहचान है कि अपने से छोटे के साथ गा कर उसे महिमामण्डित करके सारा श्रेय उसके झोले में डाल देते हैं, जैसा कि जोशीजी ने किया। जोशीजी ने बेलौस कहा था कि, 'हम दोनों की युगलबन्दी में मन्ना डे का पलड़ा बराबर का रहा बल्कि कहीं-कहीं तो वह बीस पड़ते दिखे' जोशीजी की इस सदाशयता में उनके व्यक्तित्व की विराटता दिखती थी। वह निस्सन्देह महान सङ्गीतकार थे। जोशीजी के मरणोपरान्त मन्ना डे ने कहा था।

भीमसेन ऐसे गायक थे कि बक़ौल मिर्ज़ा असदुल्लाह ख़ाँ 'ग़ालिब', 'बला-ए-ज़ां हैं ग़ालिब' आपकी हर बात, इबारत क्या, इशारत क्या, अदा क्या।' और बक़ौल अक़बर इलाहाबादी, तेरे बाद 'अक़बर' कहाँ ऐसी नज़्में, वह दिल ही न होंगे जो यह आह निकले।'

भीमसेन जी की पुण्य स्मृति में पुणें में आयोजित एक सङ्गीत जलसे में सरोदनवाज़ उस्ताद अमज़द अली ख़ाँ ने रुंधे गले से कहा, 'भीमसेन जी के बिना पुणें सूना लग रहा है' पुणें ही क्यों हिन्दुस्तानी मौसीक़ी की पूरी बगिया ही उजाड़ सूनी-सूनी लग रही है। देश का पूरा सङ्गीत समाज ही नहीं अपितु हर भारतवासी उनके नहीं रहने से मर्माहत है।'

पर एक जगह अमज़द मियाँ ने जोशीजी के विषय में बहुत ही सटीक कहा कि, 'वह असाधारण गायक और बहुत ही साधारण इन्सान थे।' हक़ीक़त है कि सङ्गीत का एकनिष्ठ साधक जो हर पल सङ्गीत में ही साँसें लेता रहता है अत्यन्त ही सरल, साधारण इन्सान होता है, क्योंकि जिस गायक के कण्ठस्वर में रूहानियत होती है वह बिल्कुल सरल और सहज होगा ही, उसमें रंचमात्र

भी दिखावा नहीं होता। उसकी नाक पर दम्भ का मोती चमकता नहीं दिखता। उसके मुखमण्डल पर तो साधनाजनित जोत होती है। क्योंकि सङ्गीत सरस्वती का पुजारी विनयशील होता है। पर ऐसा कितने गायक हो पाते हैं? इसलिए भीमसेन की कोटि के गायक का साधारण इन्सान होना ही उसके असाधारण-असामान्य होने की पहचान है—Simplicity is the mirror of greatness.

हिन्दुस्तानी मौसीक़ी की तवारीख इस बात की गवाह है कि, 'Every generation that follows is a little less competent and less qualitatively inspiring, but Joshi is a class different from to-days master musicians and also different from next generation. He was a class in himself as music was his life and passion.'

भीमसेन जोशी किस दाज़ के गवैया थे इस सन्दर्भ में उस्ताद बिसमिल्लाह ख़ाँ से कभी उनके विषय में सुने वाक़ये को यहाँ व्यक्त करने का लोभ संवरण मैं नहीं कर पा रहा हूँ।

पण्डित भीमसेन जोशी के मुरीद बिसमिल्लाह ख़ाँ साहब कैसे बने इसका एक दिलचस्प क़िस्सा है। हुआ यों कि लखनऊ रेडियो में ख़ाँ साहब की रिकॉर्डिंग थी (यह वाक़या कोई सन् '50 के दशक का है)। रिकार्डिंग में अभी देर थी तो ख़ाँ साहब चाय-सिगरेट पीने में मशगूल हो गये। तभी कोई कहने लगा कि पूना से जोशी साहब नाम के कोई गवैया आये हैं जो बहुत अच्छा गाते हैं।

शहनाईनवाज़ उस्ताद बिस्मिल्लाह खाँ के साथ गुफ़्तगू करते हुए पण्डित भीमसेन जोशी।
सौजन्य : डॉ. सुलभा श्रीखण्डे, पुणें।

बिसमिल्लाह ख़ाँ ने पूछा कि, 'किस घराने के हैं?' तो उसने बताया कि उनकी पूना गायकी है। ख़ाँ साहब हैरत में पड़ गये कि अब तक पूना गायकी के बारे में नहीं सुना—उत्सुकतावश वह भीमसेन जोशी वाले स्टूडियो कक्ष में चले गये। भीमसेन अपनी प्रस्तुति की बढ़त जैसे-जैसे करने लगे कि उनकी हर एक हरकत, तान-फ़िरत और अनूठी अदाकारी पर 'वाह-वाह' की दाद ख़ाँ साहब देते रहे।

जब गाना खत्म हुआ तो भीमसेन की पीठ ठोंकते हुए बिसमिल्लाह ख़ाँ बोले, 'अरे वाह! जोशी यार बहुत उम्दा गाते हो—किसके शागिर्द हो?' तो किसी ने कहा कि, 'उस्ताद अब्दुल क़रीम ख़ाँ के शागिर्द हैं।' इस पर ख़ाँ साहब उछल पड़े, 'तभी तो लग रहा था कि तुम्हारी गायकी की चलन किराने की है—अरे यार, गले लग जाओ—माशाअल्लाह क्या खूब गाते हो, तबीयत खुश हो गयी', कहते हुए बिसमिल्लाह ख़ाँ ने उन्हें खींच कर छाती से लगा लिया। उन कलाकारों के भी क्या कहने थे कि कलाकार को सुनकर समझ जाते थे कि किस घराने का है। हिन्दुतानी सङ्गीत में घराने की क्या अहमियत है, आप इस दृष्टान्त से समझ सकते हैं। वह ज़माना ही कुछ और था कि कोई तबक़े का कलाकार जब किसी भी गवैये-बजवैये को सुनता और अगर उसमें कुछ बातें पाता तो उसका मुरीद हो जाता था। दरअसल में वह गुणगाहकों- गुणपारखियों और क़द्रदाँओं के दिन थे। अब तो 'बुलबुल ने आशियाना चमन से उठा लिया, उनकी बला से हुआ बसे या बूम बसे।'

यह उस समय की घटना थी जब दोनों ही 'भारत रत्न' से नहीं नवाज़े गये थे। पाँचवें दशक (20वीं सदी) के इस वाक़ये से बिसमिल्लाह ख़ाँ और भीमसेन जोशी एक-दूसरे के करीब आये और स्नेहपाश में ऐसे बँधे कि लगता था काशी का बाबा विश्वनाथ और पंढरपुर का विट्ठल बिठोवा, दोनों दो नहीं एक हैं—उसके रूप और नाम अनेक हैं। उस समय के गायक-वादक एक-दूसरे का दिली तौर पर क़द्र करते थे—कैसा अपूर्व समागम था—एक बाबा विश्वनाथ का वरद्पुत्र और दूसरा विट्ठल बिठोवा का। यही कारण है कि एकबार जब बिसमिल्लाह ख़ाँ अपने रौ में बह गये और अपने जीवन की अनेक यादों को बाँटने लगे तब भीमसेन जी की चर्चा करने से नहीं चूके।

महान् हस्तियों की बातें ही कुछ और होती थीं कि जब एक गुणी दूसरे की चर्चा करता था तो हम जैसों को अलौकिक आनन्द की अनुभूति होती थी—उस यादगार पल को अपने में हम सँजोकर संचित कर लेते थे जिसका जब-तब स्मरण होते ही हमें जैसा चैन ओ सुकून मिलता है कि उसे हम ठीक से व्यक्त करने के लिए उपयुक्त शब्दों के मोहताज़ हो जाते हैं। हम तो बस उस अनुभूति के रस का आस्वादन करते नहीं अघाते। उन हस्तियों से ऐसी बातें सुन कर हमें वही लुत्फ़ मिलता था जैसा कि उनका गाना-बजाना सुनने से। उनकी रसना से

झरते स्वर और बातें दोनों ही मिठास से लबालब होते। हम उनकी दिलचस्प जुबान को सुनने के लिए लालायित और तरसते रहते थे। 'याद आयेगी हमेशा आपकी महफ़िल मुझे, आपसे होकर जुदा जीने न देगा दिल मुझे।'

आकस्मिक घटना से उत्पन्न जो चीज़ होती है उसे संयोग कहते हैं। 'करत-करत जड़मति होत सुजान', कहने का तात्पर्य है कि, लौह भीमसेन; पारस यानी विभिन्न घरानों तथा अपने मूल घराना की कसौटी पर घिस-घिस कर उपजे 'कुन्दन' में परिणत 'रौशनदान' को भीमसेन जोशी कहते हैं। इसलिए भीमसेन जोशी के सन्दर्भ में सुनीता बुद्धिराजा का कथन मेरे अंतस को छू गया कि, 'पण्डित भीमसेन जोशी बन जाना संयोग नहीं था, बल्कि वह था, अथक-अटूट साधना का सुपरिणाम—उनके सुरों की दिल को छू जाने वाली गहराई व क्षमता—उनके सुरों की उड़ान असीमित थी जिसमें दिलों को कुरेदने वाली टहक की छुअन होती थी।' सुनीता बुद्धिराजा ने उस विराट साङ्गीतिक व्यक्तित्व का जैसा सटीक दिलोदिमाग़ को भेदने वाला मूल्यांकन किया उसे कोई दिलवर यानी दिल वाला ही महसूस कर सकता है, संगदिल नहीं। 'पण्डित भीमसेन जोशी वह स्वर हैं जो व्यतीत नहीं होता—पण्डित भीमसेन जोशी स्वरात्मा हैं, शरीर नहीं जो नश्वर होता है।' एक पंक्ति में ही रसिका ने भीमसेन के व्यक्तित्व की सम्पूर्णता को व्याख्याचित कर दिया। इसमें जोड़ते हुए मैं कहना चाहूँगा कि, जोशी का विराट सङ्गीतकार वैसा ही था जैसा सतसैया के दोहरे अरू नावक के तीर देखन में छोटन लगे घाव करे गम्भीर।' भीमसेन के सङ्गीत का सौन्दर्य और उसकी सार्वभौम व्यापकता ऐसी थी कि, 'अज़ान के सुर में लोकोत्तर

'भारतरत्न' पण्डित रविशंकर के साथ 'भारतरत्न' पण्डित भीमसेन जोशी।

सौजन्य : गजेन्द्र नारायण सिंह।

सौन्दर्य की पहचान करने वाला भीमसेन जोशी की गहन साधना उसका प्रमाण है—‘क्षणे-क्षणे यन्नवतामुपैति तदेव रूपं रमणीयाताया’ यानी निरन्तर परिवर्तनशील रस और आनन्द से परिपूर्ण सौन्दर्य ही सार्थक -वास्तविक सौन्दर्य है—भीमसेन अपने सुरों से, अपनी बन्दिशों-गायकी से इसी शाश्वत सौन्दर्य रूपी लावण्य यानी आनन्द की सृष्टि करके श्रोताओं में उसे बाँटते रहे।

लोग कहते हैं कि पुत्र हो तो राम जैसा, भाई हो तो भरत और लक्ष्मण जैसा, जीवन संगिनी हो तो सीता जैसी, माता हो तो यशोदा जैसी, भक्त हो तो हनुमान जैसा, तो इसमें आगे का चरण जोड़ना चाहूँगा कि स्वर हो तो भीमसेन जैसा, गायक हो तो भीमसेन जैसा कि सुनने वालों के हृदय को मथ कर विगलित करके अभिभूत कर दे।

‘सुर पक्का होना चाहिए चाहे वह किसी भी प्रकार की गान विधा हो—मुझे शास्त्र नहीं मालूम पर ये जो कान हैं वो मधुर गाना सुनने वालों के हैं जो गाने वाले को भगवान मानते हैं’, ऐसा मानना था भीमसेन जोशी का, जिन्होंने जैसा भी गाया, जो भी गाया उसमें सुनने वालों ने डूब कर गोता लगाया और आनन्द रस का छक कर पान किया। मैंने जोशी के किसी भी कार्यक्रम में उनके गायन के दौरान किसी भी श्रोता को यह कहते नहीं सुना कि, ‘इनसे बेहतर तो फलां गाते हैं या क्या बकवास कर रहे थे, यह भी कोई गाना बजाना है?’ ऐसी प्रतिक्रिया तो तब होती है जब गायन से दिलोदिमाग़ को खुराक न मिलती हो—सन्तुष्टि न होती हो और सुनने की ललक रह जाती हो। कम-से-कम भीमसेन जोशी के बारे में adverse comments नहीं सुने। इसकी वज़ह भी साफ़ थी कि उनके गायन की आधारशिला सिर्फ़ गुणवत्ता—सौ फीसदी गुणवत्ता की कसौटी हुआ करती थी। क्योंकि भीमसेन कहा करते थे कि, ‘मैंने सारे घरानों की भट्ठी में अपने घराना का सोना पिघला कर उसे कुन्दन में परिवर्तित कर डाला जिसकी आभा की किरणों से सहज ही मेरी प्रस्तुतियों की ओर खिंचे-खिंचे से श्रोता रहते हैं।’ यह मनोबल और आत्मविश्वास कितने गायक-गायिकाओं में है?

उत्कृष्ट ख़्याल गायक में तीन चीज़ें होनी चाहिए—आवाज़ की गोलाई (मंद्र से तार तक एक जैसा) आवाज़ लगाने और फेंकने की तरकीब और लम्बी साँस—ये खूबियाँ भीमसेन ने केसरबाई और मुश्ताक़ हुसैन ख़ाँ से हासिल की थी। इसके अलावे अपनी चौड़ी, मोटी, ढाला और गम्भीर आवाज़ में लोच और मिठास उन्होंने फ़ैयाज़ ख़ाँ को सुन-सुन कर हासिल किया था। मेरे विचार से 20वीं सदी की पुरानी पीढ़ी के सर्वोत्कृष्ट ख़्याल गायक-गायिकाओं में ये ही तीन हस्तियाँ हुईं जिनसे भीमसेन विशेष रूप से बेहद प्रभावित रहे।

किराने वालों की तरह बढ़त वह सिर्फ़ आकार के ज़रिये नहीं करते थे बल्कि बन्दिश के मिज़ाज के अनुसार चलते थे। यह गुण विशेष उन्होंने अपने गुरु

सवाई गन्धर्व से प्राप्त किया था। पर ग्वालियर घराने में बन्दिश का मिज़ाज देख कर जिस तरह से बढ़त की जाती है उसका भी ख़्याल रखते थे। किन्तु इन समस्त प्रभाव पर भीमसेन के अपने व्यक्तित्व का असर हावी रहता था कि उनकी गायकी में खुशबू और जायक़ा किराने का ही मिलता था—उनकी गायकी की यह सबसे बड़ी विशेषता थी।

यों तो वह कोई राग गा सकते थे, किन्तु सुबह के रागों में भैरवी, जोगिया, ललित, मियाँ की तोड़ी, मध्याह्न के रागों में सारङ्ग और उसके प्रकार, अपराह्न के रागों में मुल्तानी और पूरिया धनाश्री तथा सन्ध्या एवं रात्रि में पूरिया, मारवा, पूरिया-कल्याण, ईमन, ईमन-कल्याण, शुद्ध कल्याण, केदार, विहाग, मारू विहाग, वसंत, शंकरा, काफ़ी, खमाज, तिलंग, मियाँ मल्हार, और दरबारी कनाड़ा जोशीजी के प्रिय और पसन्दीदा राग थे। इन रागों में उनकी पेशकश उस्तादाना रंग लिए हुआ करती थी।

Inspite of his forte kheyal, Bhimsen equally excelled in thumari, bhajan, abhang and Marathi natya geet. Because of this uniqueness of his gayaki, he was a beloved star musician whose popularity cut across a wide range of his listeners from the rasikas or connoisseurs to the uninitiated who were enthralled by his marvelous powerful and captivating voice.

प्रियदर्शनी इन्दिरा गाँधी के साथ चाय की चुस्की के साथ गुफ़्तगू में मशगूल भीमसेन जोशी।
सौजन्य : रंजन कुमार।

पण्डित भीमसेन जोशी के गायन का ऐसा विस्तृत प्रभाव था कि कलकत्ते की गली में कुछ लड़के क्रिकेट खेल रहे थे कि एक लड़के ने ऐसी गेंदबाजी की कि वहाँ खड़े किसी दर्शक लड़के के मुँह से अनायास निकल पड़ा, 'मायरी को तो सुन्दर भालो बॉलिंग। एमन लागलो जेमन भीमसेनेर तान।' किशोर वय के बच्चे भी उनके गायन के जादुई असर से अछूते नहीं रह सके। रसिका सुनीता बुद्धिराजा ने जोशीजी के गायन की चर्चा करते हुए लिखा है कि, 'भीमसेन जोशी को सुनने के दौरान ऐसा लगता था कि, 'रसामृत' पान कर रही हूँ। उन्हें सुन-सुनकर मुझमें सङ्गीत सुनने की तमीज़ पैदा हुई।' सच है, भीमसेन सरीखे गायक को सुनने से कान पवित्र होते थे—जीवन को रस मिलता था—जिजीविषा बढ़ती थी, क्योंकि रस और भावोद्रेक से लबरेज़ थी उनकी गायकी जिससे इन्सान को 'परमानन्द' की सुखानुभूति होती थी।

सङ्गीत साधना में भौतिक लिप्सा, तृष्णा, महत्वाकांक्षा के लिए जगह नहीं होती—सङ्गीत दैवी विद्या और कला है—इसका सम्बन्ध जिस्म से नहीं रूह से है। इसलिए सङ्गीत में मुक़ाम हासिल करने के लिए उन सभी चीज़ों से मुँह मोड़ कर चलना पड़ता है जिसे भौतिक उपलब्धियों के लिए आवश्यक समझा जाता है।

भक्तिकाल की मौजूदगी आज के हमारे आम जीवन में भले ही न दिखती हो, पर भक्तिकाल की महत्त्वपूर्ण दावेदारी कहीं अगर दिखती है तो वह है, हमारा शास्त्रीय सङ्गीत। इसका मुखरतम स्वरूप हमें भीमसेन जोशी के अभङ्ग, भजन व ख़्याल में देखने को मिलता है।

दरअसल में, सङ्गीत और भक्ति एक-दूसरे के पर्याय और पूरक हैं। और यदि इसमें श्रृंगार मिल जाय तो सोने में सुहागा। मध्यकाल में आप देखेंगे कि भक्ति काव्य और सङ्गीत एवं रीति यानी श्रृंगारिक काव्य साथ-साथ चले। भक्ति एवं रीतिकालीन कवि उच्च कोटि के सङ्गीतज्ञ भी थे। इसलिए भारतीय सङ्गीत की परम्परा में भक्ति और श्रृंगार का अभिनव तालमेल देखने को मिलता है। शायद यही कारण है कि भीमसेन जोशी एक सङ्गीतकार के रूप में परम्परा से आत्मीय रूप से जुड़े रहे।

कहने की आवश्यकता नहीं कि सङ्गीत फ़कीर दरवेश और सन्तों की आराधना और आत्मचिन्तन का माध्यम है। साङ्गीतिक तत्वों, मानक और रागों को गढ़ने का काम किया ऋषि-मनीषियों ने। इसलिए इस पाक कला में गुरु की अहम भूमिका होती है—गुरु का स्थान सर्वोपरि है। इस कला और विद्या को 'गुरुमुखी विद्या' कहा गया है। सङ्गीत की दुनिया में गुरु का ख़ास महत्त्व है। 18वीं सदी की भक्त सङ्गीतज्ञ-कवयित्री सहजोबाई गुरु की महिमा गाती हुई कहती है

'राम तजूं पै गुरु न बिसारू।
गुरु के सम हरि को न निहारू।।

आदिकाल से सङ्गीत में उन्हीं साधकों को परमसिद्धि की प्राप्ति हुई जिन्होंने ओछे विचारों और कार्यों से अपने को मुक्त रखा। क्योंकि यह इबादत का जरिया है। इस मान्यता को कथनी और करनी, दोनों में पुरानी पीढ़ी के गायक-वादकों ने साकार किया। इसलिए मैं बार-बार कहता रहता हूँ कि, 'to be an artist and to be an entertainer, both are quite different phenomenon. An entertainer can't be an artist, but an artist can be an entertainer'. The old generation of musicians which indulged in musical art was full of top class artists, but the present generation is filled and marked with entertainers. Keeping all this in mind we may assess the achievements and success of Bhimsen Joshi. He belonged to the category of artists.

I have found very few musical luminaries during my seventy six years of life in the pursuit of music with them, I have spent fifty or more years in the pursuit of musical art. Among such musical genius Bhaskar Bua Bakhle, Mallikarjun Mansur and Bhimsen Joshi who for their ultimate goal went to any end to achieve it. These

पूर्व राष्ट्रपति 'भारतरत्न' ए.पी.जे. अब्दुल कलाम के साथ 'भारतरत्न' पण्डित भीमसेन जोशी।
सौजन्य : गजेन्द्र नारायण सिंह।

three giants of Hindustani Music in my life time, were legendaries in the real sense of the word.

यद्यपि भास्कर बुआ को रू-ब-रू मैंने न देखा न सुना, पर 'अन्ना' (मंसूर) और गुरुवर्य विनायक बुआ पटवर्धन से उनकी दुर्धर्ष साधना की राम कहानी तथा गायकी की विशेषताओं की विशद् जानकारी मुझे प्राप्त हुई। दोनों ही गुणियों ने भास्कर बुआ की प्रस्तुतियों का अन्दाज़ेबयाँ मुझे गाकर जब तब सुनाया। जब वे सुनाते थे तो मुझे ऐसा ही लगता था कि टी.वी. पर भास्कर बुआ को देख-सुन रहा हूँ। पण्डित दिलीप चन्द्र वेदी जो भास्कर बुआ के वरिष्ठ शिष्यों में थे, उनसे भी काफ़ी कुछ जानने-सुनने को मिला कि अपने समय में भास्कर बुआ सरीखा ख़्यालिया दूसरा नहीं था। ख़ाँ साहबों ने भी उनका लोहा माना जबकि ख़ाँ साहब लोग हिन्दू गवैये को ख़्यालिया मानते ही नहीं थे।

भास्कर बुआ की गायकी कैसी थी इस सम्बन्ध में पटियाला राजदरबार की महफ़िल में गायी उनकी प्रस्तुतियों से जानकारी मिलती है। पण्डित दिलीप चन्द्र वेदी ने कभी बताया था कि एकबार पटियाला के दीवान बहादुर दयाकिशन ने भास्कर बुआ की खास महफ़िल लगवायी थी जिसमें पटियाला महाराजा भी शामिल हुए। भास्कर बुआ ने 'फूलन के हरवा' पूरिया के ख़्याल से गायन प्रारम्भ किया। फिर कामोद की चीज़ पेश की। अन्त में पटियाला राज दरबार के गायक मियाँ अलीबच्चा ख़ाँ के अनुरोध पर दरबारी की चीज़ 'तू ऐसो हि क़रीम रहीम' तथा नै सो नैन मिलाये रखिये' सुनायी। सतहत्तर वर्षीय अलीबक़्श ख़ाँ उठकर खड़े हो गये और भास्कर बुआ की प्रशंसा में कहने लगे, 'अहा! यह तो हद्दू ख़ाँ साहब की गमक की तान, यह फैज़ मोहम्मद की खानापूरी, यह रहमत ख़ाँ की फ़िरत और यह तो देख रहा हूँ, बड़े मुबारक़ अली ख़ाँ की तानों के बलफन्दे, सुभानअल्लाह!' फिर महाराज, बहादुर की ओर मुखातिब होकर ख़ाँ साहब कहने लगे, 'हुजूर! लोग कहते हैं कि अलीबक़्श बड़ा मग़रूर है, किसी की तारीफ़ नहीं करता। आखिर तारीफ़ करने लायक हो तब तो। अनेक उस्तादों को सुना। कई को सुन कर लगा कि ख़्याल की गायकी हिन्दुस्तान में ज़िन्दा नहीं रहेगी। लेकिन मेरा भ्रम दूर हुआ। अल्ला का शुक्र है कि पण्डित भास्कर बुआ ने ख़्याल गायकी को बचा कर रखा है। मौला इन्हें शतायु करे।' तो ऐसी उत्कृष्ट ख़्याल गायकी थी, भास्कर बुआ की।

सङ्गीत कला में परम पद पाने के लिए ऊपर उल्लिखित तीनों कलाकारों ने जीवन में किसी और वस्तु की चाहत नहीं रखी—ख़्याल गायकी के इतिहास में तीनों ने अमिट छाप छोड़ी है जिसे कट्टर मुस्लिम उस्तादों तक ने स्वीकारा, अन्यथा हिन्दू ख़्यालियों को 'भजनीक' कहकर वे उनका मखौल उड़ाते थे।

ख़्याल गायकी की पारम्परिक और घरानेदार खुसूसियत को घरानेदार मुस्लिम

उस्तादों ने जिस खूबसूरती से उजागर एवं उन्नत रखा, इस वास्तविकता को भाष्कर बुआ बखले, मल्लिकार्जुन मंसूर तथा भीमसेन जोशी, इन तीनों नामचीन हिन्दू ख़्यालियों ने स्वीकारते हुए अपनी अभिनव पेशकशों से बुलन्द रखा। बेशक, इस बात से पता चलता है कि ख़्याल गायकी की विधा हिन्दू-मुस्लिम समन्वयवादी यानी गंगा-जमुनी तहज़ीब की उत्कृष्ट देन है।

पण्डित भीमसेन जोशी ऐसे सर्वमान्य उद्‌भट ख़्यालिया हुए कि घरानेदार मुस्लिम उस्तादों तक ने उन्हें इज़्ज़त बख्यशी। सरोदनवाज़ अमजद अली ख़ाँ और सितारवादक विलायत ख़ाँ सरीखे हिन्दुस्तानी सङ्गीत के ख्यातिलब्ध वादकों ने अपने-अपने वालिद के नाम पर स्थापित 'अवार्ड' यथा, 'उस्ताद हाफ़िज़ अली ख़ाँ अवार्ड' और 'उस्ताद इनायत ख़ाँ अवार्ड' के साथ लाख-लाख रुपये की राशि, प्रशस्ति पत्र और दुशाला देकर जोशीजी को सम्मानित किया। It was an honour and gesture shown to one of the greatest Hindu Contemporary 'Kheyalia' by the two great muslim ustads of the same era. इससे न केवल मुस्लिम उस्तादों द्वारा हिन्दू ख़्यालिया के प्रति सम्मान भाव प्रदर्शित हुआ, बल्कि सङ्गीत किस तरह से हिन्दू-मुस्लिम का भेदभाव मिटा कर परस्पर भाईचारा एवं सौहार्द स्थापित करता है, इस बात का ज्वलंत प्रमाण है।

बेशक, 20वीं सदी के भीमसेन जोशी उत्कृष्ट ख़्याल गायक थे, जिसका प्रमाण ढूँढ़ना नहीं पड़ता। सहसवान-रामपुर घराना के सुविदित ख़्याल गायक राशिद ख़ाँ जिन्होंने जोशीजी से विधिवत गंडा बँधवा कर उनका शिष्यत्व ग्रहण किया।

'भारतरत्न' एम.एस. सुब्बुलक्ष्मी, उस्ताद अमज़द अली ख़ाँ तथा सेमनगुडी श्रीनिवास अय्यर के साथ 'भारतरत्न' पण्डित भीमसेन जोशी।

सौजन्य : गजेन्द्र नारायण सिंह

आज तक यह गौरव और श्रेय किसी हिन्दू ख़्यालिया को प्राप्त नहीं हो सका था। दूसरे अपने को बनारस घराने का प्रतिनिधि ख़्यालिया कहने वाले वर्तमान पीढ़ी के वरिष्ठ एवं चर्चित गायक द्वय राजन-साजन मिश्र की गायकी न केवल उस्ताद अमीर ख़ाँ और उस्ताद बड़े गुलाम अली ख़ाँ से प्रभावित रही बल्कि दोनों गायक बन्धु पर पण्डित भीमसेन जोशी का भी गहरा असर परिलक्षित होता है।

प्रभावित होना कोई गलत बात नहीं है। हर ज़माने में गायक-वादक अपने समकालीन या पूर्ववर्ती बड़े कलाकारों से प्रभावित होते रहे। भीमसेन भी हुए। किन्तु किसी चीज़ का अपनी प्रस्तुति में जब समावेश कोई कलाकार करता है तो केसरबाई के शब्दों में (जब भीमसेन को सुन कर अपनी प्रतिक्रिया व्यक्त की थी), 'शाबास, तुमने मेरी चीज़ें तो लीं पर उसे 'भीमसेनी चादर' ओढ़ा दिया, बहुत खूब, जीते रहो।' ऐसा कह कर केसर बाई ने भीमसेन जोशी की तारीफ की थी। अनुकरण ऐसा होना चाहिए अन्यथा नक़लनवीसी की बू आती है।

भीमसेन जोशी सरीखे उद्‌भट सङ्गीतकार को सर्वकालिक, सर्वदेशीय तथा सर्वयुगीन कहा जाना सर्वथा उपयुक्त होगा, क्योंकि ऐसे सङ्गीतज्ञ का प्रभाव काल और देश से परे अर्थात काल निरपेक्ष चिरस्थायी होता है। उसका सङ्गीत युगों तक प्रतिध्वनित होता रहता है—उसका सङ्गीत रूहानी होता है जिसकी खुशबू से तमाम फ़िज़ा तर रहती है। यदि ऐसा नहीं होता तो तानसेन की चर्चा आज नहीं होती। ऐसे सङ्गीतज्ञ मौसीक़ी की तवारीख लिख जाते हैं।

डॉ. हजारी प्रसाद द्विवेदी अक़्सर कहा करते थे, 'वहीं बैठो जहाँ बोध जगे।' सोचता हूँ, ऐसे रहनुमाओं से सङ्गीत की दुनिया खाली होती जा रही है जिनके पास बैठने से 'बोध' जगता था। सङ्गीत के ऐसे कीर्त्तिवाहकों के चरणों में छुटपन से बैठता-उठता रहा, जो एक-एक कर चले गये और शेष चले जा रहे हैं, ऐसे में किसके पास बैठूं कि, 'बोध' जगे। यही सोच-सोच कर दिल बैठा जा रहा है।

फिर भी शुक्र मनाता हूँ कि ऐसे गुणियों का सान्निध्य पा कर उनके सत्सङ्ग से निहाल हूँ कि, 'सब ज़िन्दगी का हुस्न चुरा ले गया कोई, यादों की कायनात मेरे पास छोड़ गये।' यह हिन्दुस्तानी सङ्गीत के बुजुर्गों की खिदमत और सोहबत का ही सुपरिणाम है कि देश के विभिन्न भूभाग के सङ्गीत प्रेमी तथा सङ्गीतकार इस नाचीज़ सङ्गीतसेवी को सम्मान देने के काबिल समझते हैं वर्ना सङ्गीत की समझ, परख और जानकारी से अभी भी कोसों दूर हूँ—ख़ाँ साहब, बिसमिल्लाह ख़ाँ अपनी अन्तिम घड़ी में भी यही कहते रहते थे कि, 'अभी भी मुझे अच्छे सुरों की तलाश रहती है, सोचता हूँ, कहीं बेसुरा न हो जाऊँ..।' सुभानअल्लाह! कैसी तड़प—क्या सोच और बेकली थी—कैसी लौ लगी थी सङ्गीत—सरस्वती के उस तपःपूत को कि आखिरी साँस तक बस एक ही धुन सवार था—एक ही फ़िक्र सालती रहती थी, 'अच्छे सुरों की तलाश।'

बड़े मियाँ की तर्ज़ पर अर्ज़ करना चाहूँगा कि, 'साजे दिल में तराने बहुत हैं, दिल को बहलाने के फ़साने अभी और भी हैं।'

'तैत्तरीय' उपनिषद् में कहा गया है कि, 'मनसश्व इन्द्रियाणां च ऐका ग्रमं तपः'। अर्थात् मन और इन्द्रियों को एक काम में लगा देना ही तप है। सङ्गीत ऐसा ही तप है जिसमें हर पल भीमसेन रमे रहते थे। परिणति, उनकी गायकी के स्वर देश-विदेश सम्पूर्ण भूमण्डल में हर जगह गूँजती रही। कहने की आवश्यकता नहीं कि जोशीजी सुरों में जीते थे—तन-मन दोनों से।

सुरों की फ़ितरत यह है कि एकबार जब किसी स्वर या स्वरसंगति को

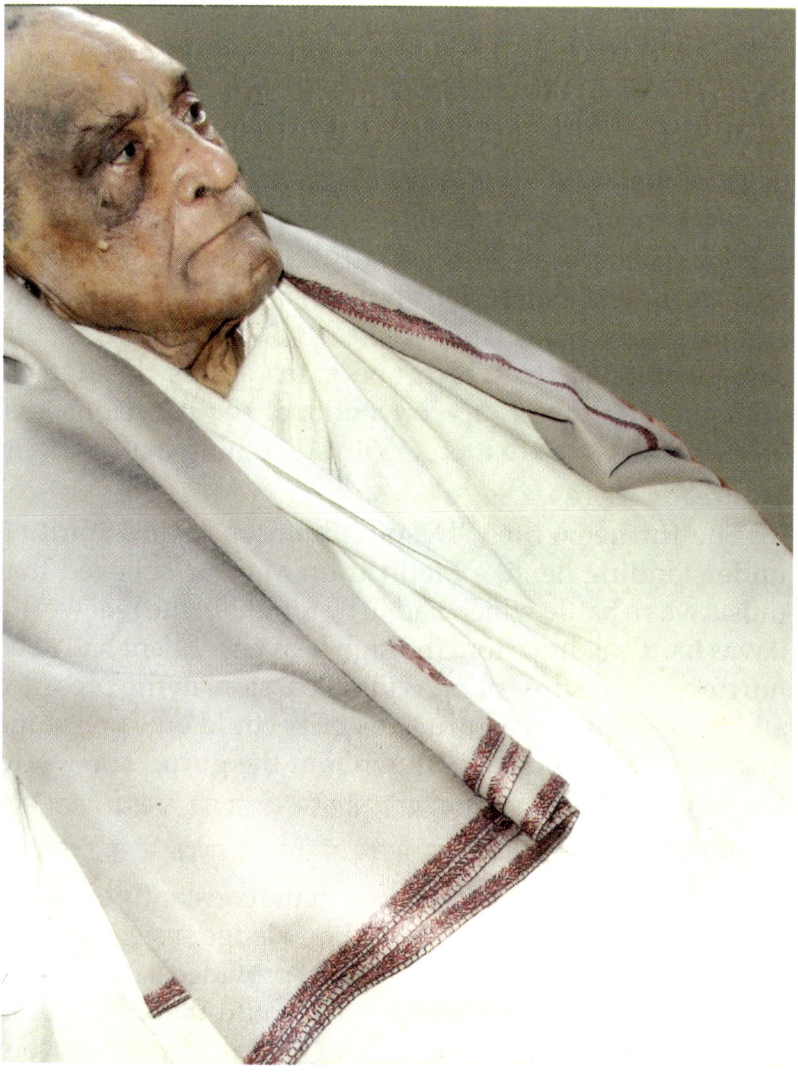

अपनी बेचैनी को सुरों के महासागर में डुबो और अकुलाहट को राग सङ्गीत के अनुशासन में समाहित करके जीवन के आखिरी पड़ाव पर स्थितप्रज्ञ भीमसेन जोशी।

गायक लगाता है तो दूसरी बार वह स्वर एक जैसा नहीं रहता—वह बदलता रहता है। भीमसेन जोशी के सन्दर्भ में अपने आलेख 'Living Memories' में दीपिका गणेश लिखती हैं, '...He followed the notes perpetually trying to uncover its mystery. The moments to which he seemed to touch them were also moments in which they disappeared ...it was an elusive chase'.बावजूद इसके भीमसेन सुरों के विभिन्न आयामों को तलाशने में हर पल निमग्न रहते थे—ऐसा कि अपने जीवन के अन्तिम पड़ाव में जब वह मौन बैठे रहते तब भी उनके भीतर सुरों के विविध रंगों को पकड़ने की बेचैनी बरक़रार रही। यह तो मैंने खुद देखा जब 2009 में उनसे मिलने पुणें गया था।

जोशीजी की सुरों की तलाश की बेचैनी और तड़प को दीपिका गणेश ने चित्रित करते हुए लिखा है कि, 'He went to search of music with restless obsession'

इसी सन्दर्भ में आगे वह लिखती हैं, 'Sur sadhna did not mean a note on the scale something that could be achieved with technical perfection, but Anjani Bai Malpekar an extraordinary musician of the early 20th century, would say, 'deep space to which one gains access through an opening after giving up conventional self consciousness, allowing the voice to merge with something that seems to be already there'.

She further writes, 'Despite Bhimsen Joshi's spiritual understanding he, like Mallikarjun Mansur believed that music was a battle which had to be fought in the real world; it was hardly a drop from the high heavens. Talent had to be nurtured in the fires of individual passion, in the presence and benevolence of a guru. Austerity could take you some distance, he would say, but without the guru, 'The world is blind'. परम्परा और घराना के प्रति भीमसेन जोशी की अगाध निष्ठा और आस्था तथा उनकी रचनात्मकता के सन्दर्भ में दीपिका गणेश ने सही लिखा है कि, ^Bhimsen Joshi was conscious of the constantly evolving nature of all creative, traditional knowledge system. Hence, gharana music never confined him, it provided a framework for his passionate explorations. He could there by plumb new imaginative depths without defying tradition, but could constantly redefine it.

Very aptly concluding her essay, she says, 'Deeply

traditional yet highly modem and innovative in his quest, he enriched the existing idiom'.

निष्कर्ष :

पण्डित भीमसेन जोशी के व्यक्तित्व एवं कृतित्व का तटस्थ होकर निष्पक्ष भाव से आकलन करने पर यही निष्कर्ष निकलता है कि हमारे समकालीन गायकों में ख़्याल गायकी के वह सबसे सशक्त प्रस्तोता थे, क्योंकि हर श्रेणी के श्रोताओं में वह प्रिय थे—हर दिल अज़ीज थे।

विलम्बित में गाते वक़्त उसका प्राण तत्व बन जाते थे और द्रुत में उसी की ऊर्जा। ज़बर्दस्त मधुरिमा से लबरेज़ ओज के साथ उनकी आवाज़ सीझ-सीझ कर पूरे सप्तक के अन्दर यात्रा करती रहती थी। मुखड़े के दोहराव के साथ भीमसेन उसमें एक नूतन आयाम जोड़ते थे जो उनकी प्रस्तुतियों को वैशिष्ट प्रदान करता था। 'बोल' और 'बन्दिश' को कहने का उनका अन्दाज़ेबयाँ निराला होता था—'हैं और भी दुनिया में सुखनवर बहुत अच्छे कहते हैं कि, 'ग़ालिब' का है अन्दाज़ेबयाँ और'—'बोल' और 'बन्दिश' की कहन उन्हें ख़्याल के 'मुखविलास' का बादशाह बनाता था। जहाँ तक द्रुत बन्दिश की पेशकश की बात करें तो उसमें जोशीजी जैसी ताजगी का अहसास श्रोताओं को कराते थे कि उसका सानी नहीं। अद्भुत गत्यात्मकता और आवेग कि सुनने वालों के दिलों को झकझोर कर गुदगुदाहट पैदा करती थी।

भीमसेन के गले से ख़्याल की निकलती द्रुत और अतिद्रुत गति, ऊर्जा और रफ़्तार नये अर्थ देती थी। द्रुत लय की उनकी प्रस्तुतियों में राग की विशुद्ध ता अप्रत्याशित रूप से बरक़रार रहती थी—खासकर मल्हार और कानड़ा सरीखे गम्भीर प्रकृति के रागों की शक़्ल कहीं भी बदशक़्ल या बदरंग नहीं होती थी। रागों की उनकी पेशकशें समय का मिज़ाज लिए होती थीं। उनकी गायकी की यह बुनियादी खासियत थी।

तभी तो अपने पसन्दीदा रागों के बारे में पूछे जाने पर वह बताते थे, कि सुबह के रागों में 'मियाँ की तोड़ी' मध्याह्न में 'सारङ्ग', अपराह्न में 'भीमपलास', और 'मुल्तानी' सन्ध्या के रागों में 'ईमन', रात्रि के प्रथम प्रहर में 'पूरिया', 'शुद्ध कल्याण' तथा देर रात के रागों में 'विहाग', 'मियाँ मल्हार' और 'दरबारी कानड़ा' उनके सर्वाधिक प्रिय राग थे।

अतीत और वर्तमान में गाने-बजाने वालों के विषय में कहते थे, 'आजकल गाने वाले बहुत हो गये पहले कम थे, पर जो थे, आज भी उनकी आवाज़ मेरे कानों से नहीं जाती। इन दिनों गाने-बजाने में रूहानी ज़ज़्बा कम होता जा रहा है।'

वह यह भी कहते थे कि, 'आज के गाने-बजाने वालों में न तो केसरबाई जैसी सीखने की उत्कट अभिलाषा है न जी तोड़ मेहनत करने की जीवट ही है, तो केवल ज़ल्दबाजी कि कितनी जल्दी मंच, शोहरत और पैसे मिलें। ऐसी प्रवृत्ति उत्कृष्ट कलाकार नहीं बना सकती।'

फ़िल्मों में प्ले बैक गाने की ओर ध्यान नहीं गया, क्योंकि वह 'लाइट म्यूजिक' होता है। बावजूद इसके, 'वसंत बहार' फिल्म में मन्ना डे के साथ मैंने युगलबन्दी गायी, क्योंकि, 'बन्दिश' राग में बँधी थी जो मुझे अच्छी लगी। ''केतकी गुलाब जूही चम्पक बन फूले, रुत वसंत अपने कांत संग झुलना में बैठ सखी पी संग झूलै', इसमें तान लेते हुए भीमसेन तार के मध्यम-पंचम तक सहूलियत से चले जाते थे और फिर नीचे बड़ी कलात्मकता से उतरते—मनोमुग्धकारी।

कुछ राग गवैये-बजवैये के सिद्ध हुआ करते हैं, जैसे, फ़ैयाज़ ख़ाँ का 'मियाँ की तोड़ी', 'बरबा' और 'दरबारी कानड़ा', केसरबाई का 'नटकामोद' और 'ललिता गौरी', रामेश्वर पाठक सितारिया का 'विहाग' इत्यादि। भीमसेन जोशी के भी राग 'पूरिया', 'शुद्ध कल्याण' और 'मियाँ मल्हार' सिद्ध थे। जिस जलसे में वह इन रागों को गाते तो दूसरे गवैयों का रंग जमना मुश्क़िल हो जाता था।

इस सन्दर्भ में दत्ता मारूलकर द्वारा उल्लिखित 1959 ई. के अमृतसर के सङ्गीत जलसे में जोशीजी द्वारा गाया 'शुद्ध कल्याण' उल्लेखनीय है। औरों की बात छोड़िए जोशीजी को सुनने के लिए श्रोताओं की अग्रिम पंक्ति में उस्ताद अमीर ख़ाँ बैठे थे। जोशीजी द्वारा राग 'शुद्ध कल्याण' की यादगार पेशकश को सुन कर अमीर ख़ाँ इतने अभिभूत हो गये कि महफ़िल खत्म होते ही उठकर मंच पर गये और भीमसेन को गले लगाते हुए सिर्फ़ इतना कहा, '... आज तक ऐसा 'शुद्ध कल्याण' मैंने नहीं सुना और न गा ही सका, सुभानअल्ला!'

एक सङ्गीतज्ञ दूसरे की तारीफ़ बमुश्क़िल करता है, पर जब 'हवा में गाँठ' लगने वाली बाबत पैदा होती है तो तारीफ़ के लफ़्ज़ खुद-ब-खुद उसकी ज़ुबान से निकल पड़ते हैं। यह तारीफ़ अन्तर्मन का स्पर्श लिए होती है। पण्डित विनायक बुआ पटवर्धन अक़्सर कहा करते थे कि, 'हम गवैयों की बिरादरी में भीमसेन बब्बर शेर है।' जिस मंच पर भीमसेन की तानों की दहाड़ सुनी जाती थी, वह मंच उन्हीं का हो जाता था।

भीमसेन अपनी गायकी में गम्भीरता, चैनदारी, स्फूर्ति, समर्पण और करुणा के पंचपूरन (पंचफोरन) से बघार देकर प्रस्तुति करते थे जिसका जायक़ा लेते हुए रसिक अघाते नहीं थे। क्योंकि उनके सन्तुलित गायन में, श्रोताओं को हर रस और हर भाव का आस्वाद मिलता था। यहाँ तक कि, 'वीभत्स' रस को भी वह अपनी गान मुद्राओं द्वारा व्यक्त कर जाते थे। उनकी यह खूबी मुझे अन्य

गायक-गायिकाओं में देखने को नहीं मिली। स्वरों से वीभत्स रस की निष्पत्ति सम्भव नहीं है, पर भीमसेन अपनी मुद्राओं से उसे बखूबी प्रदर्शित कर उसका अहसास करा देते थे। उनकी यह अन्दाज़ेबयाँ और उपलब्धि विरल थी।

'पुरानी पीढ़ी के गवैये अपढ़ और ज़ाहिल होते थे' ऐसी आम धारणा का ज़ोरदार खण्डन बड़े बेबाकपन से वह करते थे, यह कहते हुए कि, 'कौन कहता है कि हम गवैये अपढ़ और ज़ाहिल हैं? हम तो घरानेदार ख़्याल गायकी के 'पण्डित' हैं जिसे शिक्षा संस्थानों की डिग्री की आवश्यकता नहीं। मौला की नेमत जिसके गले में बसती है, उससे बढ़कर कोई डिग्री हो सकती है, क्या? यही वज़ह है कि साधनाजनित हमारा ज्ञान स्कूल-कॉलेज की पुस्तकों और डिग्रियों से नहीं अपितु दैवीकृपा से प्राप्त होता है यानी देव प्रदत्त है जो गुरुओं-उस्तादों की सेवा से और घरानों की चारदिवारी में प्रवेश करने पर प्राप्त होता है, ऐसा भीमसेन जोशी कहते थे।

भीमसेन जोशी उस ज़माने के शीर्ष घरानेदार शास्त्रीय गायक थे जब सङ्गीतज्ञों के पोषकों और क़द्रदांओं का वह 'वर्ग विशेष' समाज से तिरोहित हो जाने के साथ-साथ 'बहुश्रुत रसिकों' की परम्परा भी नहीं रही। हालात को मद्देनज़र रखते हुए अकबर इलाहाबादी ने क्या मौजू शेर कहा है कि, 'क़द्रदांओं की तबीयत का गज़ब रंग है आज बुलबुलों को ये हसरत है कि वो उल्लू न हुए।' ऐसी विपरीत परिस्थिति और माहौल में भीमसेन जोशी ने घरानेदार ख़्याल गायकी को जानकार सङ्गीतानुरागियों से लेकर आमफ़हम तक लोकप्रिय बनाया। पर इस प्रक्रिया में वह कभी भी समझौतावादी नहीं बने और न कभी ख़्याल की गायकी को 'चों-चों का मुरब्बा' बना स्तरहीनता का शिकार ही होने दिया—यह उनकी महती सङ्गीत साधना का उल्लेखनीय उज्ज्वल पक्ष था।

'The excellency of every art is its intensity, capable of making all changeable evaporate', wrote John Keats. This observation of a great romantic poet of the medieval era is the most be fitting attritute to the unparallel art of Bhimsen Joshi. He was one such singing soul whose appeal was truely not only regional or national but beyond the boundaries of this sub-continent, i.e. India, rather it was universal, इसलिए सङ्गीत को universal language कहा गया है।

पर कभी-कभार मुझे ऐसा लगता है कि जब घराने के कीर्त्तिवाहक दिग्गजों की कतार घटती-मिटती जा रही है तो ऐसे में घराने की बुनियाद के चरमराने की आशंका होने लगी है कि कहीं घराने खत्म न हो जायें, जैसा कि पटियाला, आगरा, रामपुर-सहसवान और अब किराना। इन घरानों में आज के दिन में एक

भी उस तबक़े के गायक नज़र नहीं आते—वैसे आगरा घराना में राजा मियाँ, अतरौली-जयपुर घराने में अश्विनी भिड़े, सहसवान-रामपुर घराना में राशिद ख़ाँ और दिल्ली घराने में इक़बाल अहमद ख़ाँ सरीखे ख़्याल गायकों से बहुत कुछ उम्मीद की जा सकती है। वैसे उल्हास कशालकर सरीखे घरानेदार गायक जिन पर बहुत उम्मीदें टिकी हैं। Still these gharanas are on the virge of defunct. ऐसे में उन दिग्गजों की ध्वनिमुद्रिकाएँ और यादें धरोहर स्वरूप हमारे पास संचित हैं जिनसे हम आशान्वित हो सकते हैं कि, 'अइहें बहुरि वसंत रुत इन डारन वे फूल'। पर यह भी सत्य है कि न तो घराना मिट सकता है और न परम्परा का ही लोप हो सकता, क्योंकि हिन्दुस्तानी सङ्गीत रूपी 'अक्षयवट' की जड़ें बहुत गहरी और पुख़्ता हैं। पण्डितों-उस्तादों ने अपने ख़ून-पसीनों से जो सङ्गीत की वैभवशाली अट्टालिका खड़ी की है उसके पाये इतने मज़बूत हैं कि ढहने की गुंज़ाइश नहीं है।

शास्त्रीय सङ्गीत में परम्परा और घराना का अनुशासन ऐसा है कि उससे विलग सङ्गीत और काव्य (बन्दिश) का कोई भी स्वरूप मान्य नहीं हो सकता। इसे हिन्दुस्तानी सङ्गीत के घरानेदार सङ्गीतज्ञों ने साबित किया। इसलिए हम पूरी तरह से आशान्वित हैं।

Sri Amarendra Dhaneshwar has rightly observed that, 'Bhimsen was not merely a singer but a phenomenon.' He further says, 'Seeing Bhimsen Joshi sing was as much an experience as listening to him.' I would rather add to Dhaneshwar's observations that years after his (Bhimsen) demise, this versatile maestro of Kirana Gharana still reigns supreme in the hearts of his admirers only to make his listeners and admirors feel and realise his absence

इसलिए, ऐसे कलाकार को 'मृत्युंजय' एवं 'कालजयी' कहा गया है जो अनन्तकाल तक स्मृतियों में जीवन्त रहता है। ऐसा व्यक्ति विशेष चाहे वह किसी भी क्षेत्र का हो, 'इतिहास' यानी 'काल पुरुष' बन जाता है जो आने वाले दिनों के लिए 'रौशनदान' का काम करता है। आपको लगता होगा कि भीमसेन जोशी के अवसान के बाद किराना घराना का 'रौशनदान' गुल हो गया। पर वहीं यह भी सत्य है कि, 'कीर्त्तिवान' यानी 'यशस्वी' कभी मरता नहीं, क्योंकि उसकी अजर-अमर आत्मा का 'रौशनदान' तो 'ज्योति कलश' की तरह सदैव जगमगाता रहता है—'कीर्त्तिः यस्य सः जीवति'।

— इतिश्री —